BEI GRIN MACHT SICH IHR WISSEN BEZAHLT

- Wir veröffentlichen Ihre Hausarbeit,
  Bachelor- und Masterarbeit

- Ihr eigenes eBook und Buch -
  weltweit in allen wichtigen Shops

- Verdienen Sie an jedem Verkauf

Jetzt bei www.GRIN.com hochladen und kostenlos publizieren

Bibliografische Information der Deutschen Nationalbibliothek:

Die Deutsche Bibliothek verzeichnet diese Publikation in der Deutschen National-
bibliografie; detaillierte bibliografische Daten sind im Internet über http://dnb.d-
nb.de/ abrufbar.

Impressum:

Copyright © 2012 GRIN Verlag, Open Publishing GmbH
Druck und Bindung: Books on Demand GmbH, Norderstedt Germany
ISBN: 9783668316263

Dieses Buch bei GRIN:

http://www.grin.com/de/e-book/341625/die-gruendung-der-welt-anti-doping-
agentur-wada-im-kontext-internationaler

Alexander Munk

Die Gründung der Welt Anti-Doping Agentur (WADA) im Kontext internationaler Harmonisierungsbestrebungen des IOC

"Saubere Spiele" dank des IOC?

GRIN Verlag

Die Gründung der WADA im Kontext internationaler

Harmonisierungsbestrebungen des IOC

Masterarbeit gemäß der Rahmenordnung für die Masterprüfungen im
Studium an der Westfälischen Wilhelms-Universität Münster
innerhalb des Masters of Education Gym./Ges. vom 22. Januar 2004
vorgelegt von:

Alexander Munk

Münster, 17.09.2012

Westfälische Wilhelms-Universität Münster
Institut für Sportwissenschaft
Arbeitsbereich Sportpädagogik & Sportgeschichte

1. Einleitung

Die Olympischen Spiele würden sterben, wenn man die Dopingbedrohung nicht bekämpfe, formulierte ein kanadischer Minister auf der Anti-Doping Sitzung in Montreal (BOSE, 2000, S. 23). Genau das versucht das Internationale Olympische Komitee (IOC) seit den 1960er Jahren zu verhindern. Seit dieser Zeit hat das IOC versucht, Doping zu definieren, Regeln aufzustellen sowie Kontrollmethoden und Sanktionen zu entwickeln. Da das Dopingproblem auch von staatlichen Behörden und verschiedenen internationalen Organisationen angegangen wurde, entstanden über die Jahrzehnte nicht nur unterschiedliche Dopingdefinitionen, sondern auch unterschiedliche Dopingregeln, -kontrollen und –sanktionen. Auch innerhalb der Olympischen Bewegung herrschten diverse Auffassungen von Doping und dem angemessenen Umgang mit den begleitenden Problemerscheinungen. Während das IOC hauptsächlich für die Olympischen Spiele zuständig und ansonsten innerhalb der Olympischen Familie nur beratend tätig war, übernahmen die internationalen Verbände (IF) die Verantwortungen für sportliche Ereignisse abseits der Spiele.

Die norwegische Ministerpräsidentin Harlem Brundtland sah 1988 im IOC die internationale Organisation, die eine sehr wichtige Rolle im komplexen Gefüge internationaler Beziehungen spielte. Das IOC kämpfe mit seinen olympischen Idealen gegen internationale Isolation und Apathie. Olympische Solidarität zeige das IOC besonders in Ländern, die keine Möglichkeiten besitzen, Chancengleichheit im Sport zu garantieren. Deshalb sei der Kampf des IOC gegen Doping von unschätzbarem Wert.[1] Innerhalb und außerhalb der Olympischen Bewegung hat sich das IOC seit dem Beginn der 1980er Jahre für die Harmonisierung der internationalen Anti-Doping Politik eingesetzt, bis die Welt-Anti-Doping Agentur (WADA) im Jahre 1999 das IOC ablöste.

In der vorliegenden Arbeit wird die Gründung der WADA im Kontext internationaler Harmonisierungsbestrebungen des IOC beschrieben, analysiert und diskutiert. Das Hauptaugenmerk liegt auf der Fragestellung, inwieweit die

---

[1] Rede von Brundtland, s. „Candidate Cities for the Organization of the XVIIth Olympic Winter Games in 1994", (Prot. 94, IOC Session, S. 24).

Harmonisierungsbestrebungen des IOC zur Gründung der WADA führten. Welche Anti-Doping Politik hat das IOC bis zum Dopingskandal der Tour de France 1998 betrieben und wie sah die Politik danach aus?

Hierzu wird zunächst der Ursprung des Begriffs „Doping" erläutert, um danach auf die verschiedenen Dopingdefinitionen von DSB, Europarat und IOC einzugehen. Im dritten Kapitel werden die einzelnen Organisationen, der Olympischen Bewegung und anderer Organisationen, die sich mit Doping im Sport befassen, kurz dargestellt. An die thematische Einführung des zweiten und dritten Kapitels schließt sich der Hauptteil dieser Arbeit im vierten Kapitel an. Hier werden zunächst die ersten Harmonisierungsbestrebungen des IOC vor den 1980er Jahren beschrieben und Hintergrundinformationen über Probleme der Harmonisierungsbestrebungen des IOC innerhalb seiner Anti-Doping Politik genannt. Daran anknüpfend werden die Hindernisse bei der Harmonisierung von Sanktionen, Kontrollen und Regeln erläutert, bis hin zum Ben-Johnson-Skandal bei den Olympischen Spielen von Seoul 1988. Die folgenden Internationalen Anti-Doping Konferenzen werden dargestellt, die Entwicklung einer Olympischen Anti-Doping Charta, sowie des Medical Codes des IOC vor der Fragestellung diskutiert.

Im Zwischenfazit wird anhand der vorher herausgearbeiteten Handlungsverläufe analysiert, welche Rolle die Harmonisierungsbestrebungen des IOC bis zum Tour de France Skandal 1998 im Kampf gegen Doping spielten. Unterkapitel 4.5 stellt zunächst den Tour de France Skandal dar, um danach die internationalen Reaktionen, besonders die des IOC aufzuzeigen. Die Anti-Doping Politik des IOC wurde in der Vergangenheit immer wieder von internen IOC-Mitgliedern, aber vor allem auch stark von externen Experten kritisiert, weshalb sich Kapitel 4.6 mit diesen Kritiken befasst.

Kapitel 5 beschäftigt sich mit der WADA, ihrer Gründung, ihrer Finanzierung, mit den Aufgaben, Programmen und dem World Anti-Doping Code, der den Medical Code des IOC ablöste.

Im Schlussteil der Arbeit werden Rückschlüsse auf die Gründung der WADA im Kontext internationaler Harmonisierungsbestrebungen des IOC gezogen. Kritikpunkte aus Kapitel 4.6 werden hier ebenso diskutiert, wie auch eigene Feststellungen.

Als Quellengrundlage dienen hauptsächlich die Protokolle der IOC Sessions von 1980 bis zur Gründung der WADA im Jahre 1999. Diese Protokolle wurden auf ihre Inhalte bezüglich der folgenden Fragestellung analysiert. Der Wissenschaftler der Universität von Austin, Texas, Thomas M. HUNT (2011), hat sich in seinem Buch „Drug Games" bereits mit dem Thema dieser Arbeit auseinandergesetzt, konnte jedoch in seinem jüngsten Werk, wegen der Archivsperre des IOC von zwanzig Jahren, nicht auf die hier behandelten Quellen zurückgreifen (vgl. ebd., 2011, S. 87). So basieren die Schlussfolgerungen, die HUNT (2011) hinsichtlich der Rolle der Harmonisierungsbestrebungen des IOC vor Gründung der WADA zieht, nur auf Vermutungen; dahingegen kann sich die Argumentationsstruktur dieser Arbeit auf die Originalquellen des IOC stützen.

Für die Gründung der WADA werden hauptsächlich die eigenen Publikationen der WADA herangezogen. Sie haben den Anspruch, transparent zu sein und aus diesem Grund beinhalten die Jahresberichte der WADA z.B. auch Angaben über den finanziellen Haushalt nebst dazu gehörigem Kommentar.

Da das Thema Doping einen überaus großen Gegenwartsbezug hat, werden auch Zeitungsartikel und Dokumente der Olympischen Spiele 2012 von London verarbeitet.

Allgemein wird einschlägige Literatur zum Thema Doping herangezogen, um das Kapitel der Definition von Doping angemessen zu behandeln, aber auch Literatur, die sich mit der Anti-Doping Politik des IOC und der Gründung der WADA auseinandersetzt, um Kritikpunkte nennen und Geschehnisse einordnen zu können.

2. Definition des Begriffs „Doping"

Wenn man nicht weiß, was Doping ist, kann man Doping nicht bekämpfen. Als Doping gilt nur, was auch als Doping deklariert wird. Wer gegen Doping kämpft muss deshalb neue Verfahren und Methoden, die Doping sein könnten, wahrnehmen, analysieren und dann die eigene Doping-Definition anpassen. Was konformes oder deviantes Verhalten ist, bestimmt einzig die jeweilige Definition von Doping. Die Auffassung von Doping, hängt von der sozialen Konstruktion, also immer von der Definition des Beurteilers ab (vgl. Bette & Schimank, 2006b, S. 175). Deshalb gibt es nicht eine allgemein gültige Definition, sondern viele verschiedene Ansätze, Definitionsversuche und Blickwinkel. In den letzten 50 Jahren haben sich die Definitionen stetig geändert, denn sie mussten sich an immer neue Formen und Auswüchse von Doping anpassen. Wurde innerhalb der 1950er Jahren nur während der Wettkämpfe gedopt, werden in den 1980er und 90er Jahren die Trainingsphasen zur Leistungssteigerung durch Doping genutzt.

Dieses Kapitel soll die historischen Veränderungen des Dopingbegriffs darstellen und anhand von Beispielen verschiedener Institutionen und Jahrzehnte, einen Überblick über die Entwicklung und seine Komplexität geben.

Wo die Bezeichnung „Doping" ihren Ursprung hat, ist nicht genau zu klären, denn es gibt zwei unterschiedliche Theorien. Die südostafrikanische Sprache der Zulu verwendeten das Wort „Dop" für einen stimulierenden Likör, der bei okkulten Zelebrierenden als Stimulanz getrunken wurde (Lünsch, 1991, S. 12; Haug, 2006, S. 27). Es gelangte in den Sprachgebrauch der niederländischen Buren und ist so aus dem Afrikaans nach Europa gelangt. Haug (2006, S. 27) vermutet, dass das niederländische Wort „Doop" für „Taufe" auch eine Substanz der Zulu bezeichnete, in die etwas eingetaucht wurde (gedoppt). Über die niederländische Kolonie Nieuw Amsterdam, die später zu New York wurde, gelang der Begriff in den anglo-amerikanischen Sprachgebrauch (Figura, 2009, S. 11). Dort benutzten die Arbeiter die Substanz der Zulu, um ihre Leistung zu steigern. Später wurde der Begriff synonym für stimulierende Getränke gebraucht und gelang dann vom Pferde- und Hundedoping in den allgemeinen Sprachgebrauch (Lünsch, 1991, S. 12). Zum ersten Mal lässt sich „Doping" 1879 in einem englischen Wörterbuch finden (Australian Sports Drugs Agency,

2000, S. 1), 1933 wurde der Begriff auch in deutsche Lexika, wie Beckmanns Sportlexikon, aufgenommen (PROKOP, 1970, S. 126; HAUG, 2006, S. 27). Der Deutsche Sportbund (DSB) definiert Doping im Jahre 1952 so:

> „Die Einnahme eines jeden Medikamentes – ob es wirksam ist oder nicht mit der Absicht der Leistungssteigerung während des Wettkampfs ist als Doping zu bezeichnen" (LÜNSCH, 1991, S. 13).

Mittel, die ein Sportler aufgrund von Erkrankungen einnimmt, werden nicht als Doping bezeichnet und lassen hier Ärzten erhebliche Freiräume, ihren Sportlern ein „leistungssteigerndes Rezept" auszustellen.

Nach der Definition des DSB versucht das „Komitee für außerschulische Erziehung" des Europarates 1963 exakter zu formulieren:

> „Doping ist die Verabreichung oder der Gebrauch körperfremder Substanzen in jeder Form und physiologische Substanzen in abnormaler Form oder auf abnormalem Wege an gesunden Personen mit dem einzigen Ziel der künstlichen und unfairen Steigerung der Leistung für den Wettkampf. Außerdem müssen verschiedene psychologische Maßnahmen zur Leistungssteigerung des Sportlers als Doping angesehen werden" (DONIKE & RAUTH, 1996, S. 1; PROKOP, 1970, S. 129).

Dieser Versuch ist als Definition unzureichend, da sich in ihm zu viele Wörter befinden (z.B. körperfremd, physiologisch, abnormal), die Interpretationsspielräume und somit normative Probleme schaffen. Trainingsdoping war 1963 noch keine weit verbreitete Betrugsmöglichkeit, weshalb in dieser Definition nicht direkt darauf eingegangen wird, sondern nur indirekt durch die Worte „für den Wettkampf", was Training implizieren könnte. Die „psychologischen Maßnahmen" beziehen sich auf Hypnose, die im Schwimmsport angewandt wurde, was die allgemeine Definition aber nicht präziser macht. Zwar ist die Doping-Definition des Europarates hochethisch, aber auch unpraktisch und deshalb für den Praxisgebrauch ungeeignet (DONIKE, 1986, S. 1).

Erste Anti-Doping Kontrollen wurden vom IOC 1964 eingeführt und seien, laut dem Generaldirektor des IOC, zumindest ein Versuch gewesen, um zu zeigen, dass das IOC sich des Problems bewusst sei. Mit Gründung der „Medical Commission" 1967, die für den Kampf gegen Doping innerhalb der Olympischen

Spiele zuständig ist, sei das IOC die erste Organisation gewesen, die auf das Problem öffentlich aufmerksam gemacht habe.[2]

Die Medical Commission des IOC hat 1970 Doping als Anwendungen von Wirkstoffgruppen und verwandter Substanzen definiert, wofür eigens eine Liste verbotener Substanzen verfasst wurde.

„ A. Psychomotorische Stimulantien

B. Sympathomimetische Amine

C. Verschiedene Stimulantien des Zentralen Nervensystems

D. Narkotika und Analgetika

E. Anabole Steroide

F. Beta-Blocker" (DONIKE, 1986, S. 2)

Der Vorteil einer solchen Dopingdefinition ist die schnelle Anpassungsfähigkeit an neue Methoden und Substanzen. So konnte die Liste 1976 um Anabolika (DONIKE, 1986, S. 2; HACKFORT, 1989, S. 20) und 1985 um Beta-Blocker, Blutdoping und andere Methoden bzw. Wirkstoffgruppen erweitert werden.[3] Das IOC veröffentlichte diese Definition 1971 für die Olympischen Spiele '72 in München (HACKFORT, 1989, S. 19).

Heute bestimmt die WADA was Doping ist und was nicht. Sie hat den *World Anti-Doping Code* (WADC) verfasst, der den Anspruch hat, allumfassend zu sein. Im WADC wird Doping nicht in ein paar Sätzen definiert, die Missverständnisse auslösen könnten, vielmehr werden Anti-Doping Bestimmungen mit einer Liste verbotener Substanzen, in Tradition des IOC, zusammengefasst. Die WADA (2009b, S. 18ff.; 2009e, S. 11ff.)[4] erklärt zu Doping „das Vorliegen eines oder mehrerer der nachfolgend in Artikel 2.1 bis Artikel 2.8 festgelegten Verstöße gegen Anti- Doping-Bestimmungen."

---

[2] Generaldirektor des IOC zum Bericht der Medical Commission von de Mérode, (Prot. 99, IOC Session, S. 22f.).
[3] de Mérode zu seinem Bericht der Medical Commission, (Prot. 90, IOC Session, S. 21).
[4] Die WADA hat in Zusammenarbeit mit der Deutschen Bundesregierung den World Anti Doping Code ins deutsche übersetzt. Aus diesem Grund wurde die englische Originalfassung nicht paraphrasiert, sondern die Fassung der WADA und Deutschen Bundesregierung zitiert. Siehe dazu: Annex 2; (WADA, 2009e, S. 11ff.).

Innerhalb dieser Bestimmungen geht die WADA auf die verbotenen Substanzen, den Umgang mit ihnen und deren Einnahme ein. Schwellenwerte im Blut, die überschritten werden, führen zu einem Verstoß gegen die Anti-Doping Bestimmungen.[5] Darüber hinaus wird im WADC auf Trainingskontrollen[6], den Besitz von[7] oder Handel mit[8] verbotenen Substanzen und die Einflussnahme auf Dopingkontrollen[9] eingegangen. Folgen einer Verweigerung der Probenahme sind hier ebenso festgehalten.[10] Irrelevant ist, ob eine Leistungssteigerung erfolgt ist, oder nicht.[11] Der Versuch gegen die Bestimmungen zu verstoßen, ist ausreichend, um den Doping-Tatbestand zu erfüllen. Die WADA schafft es, sich durch ihre umfangreiche Dopingdefinition abzusichern und die meisten Möglichkeiten und Facetten des Dopings abzudecken. Einfacher ist die Dopingdefinition hierdurch aber nicht geworden. Detaillierter wird der WADC im Kapitel 5.7 dieser Arbeit dargestellt.

---

[5] vgl. Artikel 2.1.2 des WADC (WADA, 2009b, S. 20; WADA, 2009e, S. 12).
[6] vgl. Artikel 2.4 des WADC (WADA, 2009b, S. 23; WADA, 2009e, S. 14).
[7] vgl. Artikel 2.6 des WADC (WADA, 2009b, S. 24; WADA, 2009e, S. 15).
[8] vgl. Artikel 2.7 des WADC (WADA, 2009b, S. 25; WADA, 2009e, S. 15).
[9] vgl. Artikel 2.5 des WADC (WADA, 2009b, S. 23; WADA, 2009e, S. 15).
[10] vgl. Artikel 2.3 des WADC (WADA, 2009b, S. 22; WADA, 2009e, S. 14).
[11] vgl. Artikel 2.2 & 2.2.1 des WADC (WADA, 2009b, S. 21; WADA, 2009e, S. 13).

3. Die beteiligten Organisationen

3.1 Die Olympische Bewegung

Die Olympische Bewegung basiert auf dem Olympischen Ideal, das von Pierre de Coubertin formuliert wurde und „auf Körper, Willen und Geist beruht, indem sie Sport, Kultur und Erziehung miteinander vereint" (DAS OLYMPISCHE MUSEUM, 2007, S. 2). Dieses Olympische Ideal bzw. der Olympische Geist wird heute durch die Olympische Bewegung verbreitet.

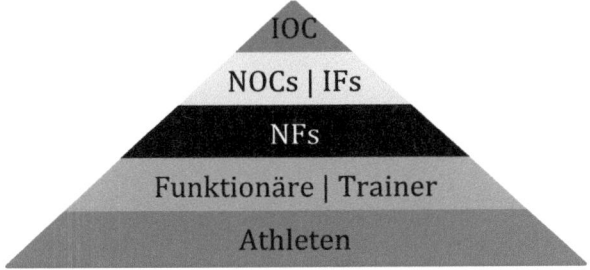

Abb. 1 Organisationsstruktur der Olympischen Bewegung.

Oberstes Gremium ist das IOC, darunter sind die International Federations (IFs), National Olympic Committees (NOCs), National Federations (NFs), Funktionäre und Trainer, sowie Athleten angegliedert (ebd.).

3.1.1 Das IOC

Das Internationale Olympische Komitee legt als oberste Instanz die Regeln der Olympischen Charta fest, an die sich alle Mitglieder der Olympischen Bewegung zu halten haben. Außerdem hat es allein die Macht, Organisationen zu akkreditieren, die sich zu den Werten des Olympismus bekennen. Rechtlich ist das IOC eine Non-Profit-Organisation (NGO), wird aber nicht mit öffentlichen Mitteln subventioniert. Da das IOC alle Rechte an den Olympischen Spielen und den olympischen Symbolen besitzt, nimmt es durch deren kommerzielle Vermarktung Geld ein. Auf sogenannten „Sessions" trifft sich das IOC mindestens einmal jährlich, um wichtige Beschlüsse zu fassen, aber auch, um von jeder Kommission Berichte zu erhalten, die kommentiert und diskutiert werden.

Die Kommissionen beschäftigen sich unter anderem mit Anliegen der Bereiche Medizin (s. Kap. 3.1.1.1), Jura (s. Kap. 3.1.1.3 & Kap. 3.1.3), der Athleten (s. Kap. 3.1.1.2) oder der Organisation und Vergabe der Olympischen Spiele. Momentan beträgt die aktive Mitgliederzahl 115, wobei jedes Mitglied von der Organisation angeworben wird und „als Vertreter des IOC in seinem jeweiligen Land, nicht etwa umgekehrt" (ebd., S. 3) gilt.

3.1.1.1 Die Medical Commission

Steigende Dopingmissbräuche veranlassten das IOC auf der Session 1961 zur Gründung der Medical Commission:

> „Sanctions should be applied, but on the first instance, the IOC should be informed as to what constitutes a doping, and that we need medical advise."[12]

Ihre Aufgabe war zunächst das Erstellen einer Verbotsliste, die auf der 65. Session in Teheran 1967 vorgestellt wurde, damit für die 1968 stattfindenden Olympischen Spiele von Mexico City und Grenoble Anti-Dopingstrukturen bestanden.[13] Ein weiterer Auftrag der Medical Commission ist die weltweite Einrichtung von Dopingkontrollzentren, um die Sportler und das Image des Sports zu schützen.[14] Prinz Alexandre de Mérode wurde 1967 Vorsitzender der Kommission und löste damit Sir Arthur Porritt ab.[15]

Waren die drei Hauptaufgabenbereiche der Medical Commission 1981 noch Doping (auf wissenschaftlicher, technischer und erzieherischer Ebene), die Erstellung und der Gebrauch von biomechanischen Filmen, sowie die Einrichtung einer internationalen olympischen Stiftung zur Erforschung der Sportmedizin.[16] Diese änderten sich über die Jahre hin zum Schutz der Gesundheit des Athleten, der Wahrung der Grundsätze der sportlichen Ethik und der Harmonisierung der Wettkampfbedingungen für Athleten. Doping wurde zu einem großen Problem, dass sich die Medical Commission mit fast nichts anderem mehr beschäftigen

---

[12] IOC Präsident Brundage zum Thema Doping, (Prot. 58, IOC Session, S. 3).
[13] siehe Bemerkung von Sir Arthur Porritt, (Prot. 65, IOC Session, S. 13).
[14] „Report of the IOC Medical Commission to the 90th Session of the IOC", Sub-Commission „Doping and Biochemistry of Sport". Annex 11, (Prot. 90, IOC Session, S. 84).
[15] Beschluss, (Prot. 65, IOC Session, S. 13).
[16] vgl. Bericht der Medical Commission von de Mérode, (Prot. 84, IOC Session, S. 28).

konnte. Seit der Erstellung des „Medical Codes"[17] 1995 ist die Medical Commission für dessen Bearbeitung und Überwachung zuständig. Ferner obliegt ihr die Akkreditierung der Anti-Doping Labors.

3.1.1.2 Die Athletes' Commission

Zum ersten Mal durften 1981 in Baden-Baden Vertreter der Athleten in der neu gegründeten „Athletes' Commission" an einer IOC Session teilnehmen.[18] Athleten thematisieren hier unter anderem mögliche Vorgehensweisen bzw. Regeländerungen, um den Umgang mit Doping zu harmonisieren. Als Reaktion auf die rege Beteiligung der Athletes' Commission bei der Session von Baden-Baden, schlugen sie selbst vor, dass ein oder zwei Personen aus ihren Reihen permanente Mitglieder der Medical Commission werden sollten.[19]

3.1.1.3 Die Juridical Commission

Die Juridical Commission beschäftigt sich seit ihrer Gründung 1974, mit allen juristischen Themen innerhalb des IOC. Ihre Rolle ist sowohl beratend, als auch operativ. In Rechtsfragen unterstützt sie den IOC-Präsidenten, den IOC-Vorstand und steht bei Bedarf auf IOC Sessions beratend zur Verfügung. Es gehörte auch zu ihrem Aufgabenbereich, das IOC zu schützen oder Vorentscheidungen bzgl. der Olympischen Charta zu treffen (INTERNATIONAL OLYMPIC COMMITTEE, 2012).

3.1.2 Die NOCs

Das National Olympic Committee (NOC) ist für die Verbreitung des Olympischen Geistes auf nationaler Ebene zuständig. Es entsendet die Athleten-Delegation zu Olympischen Spielen (DAS OLYMPISCHE MUSEUM, 2007, S. 4), ist für die eigenen Olympiabewerbungen zuständig und für die Planung und Durchführung der eigenen Olympischen Spiele. Außerdem sind die NOCs aktive Teilnehmer auf olympischen Kongressen (KERN, 2007, S. 32). Allgemein sorgen

---

[17] siehe Kap. 4.3.4
[18] „Report by Mr. Peter Tallberg, Chairman of the IOC Athletes' Commission to the 94th IOC Session, Seoul, September 1988". Annex 3, (Prot. 94, IOC Session, S. 54).
[19] siehe „Recommendations from the Athletes' Commission Meeting in Rome on 24th May 1982". Annex 9, (Prot. 85, IOC Session, S. 50).

die NOCs dafür, dass „alle nationalen Sportprogramme den Prinzipien der Olympischen Charta entsprechen"[20]. In der Olympischen Charta ist festgelegt, welche Rolle die NOCs im Kampf gegen Doping haben:

> „(The NOCs) shall fight against the use of substances and procedures prohibited by the IOC or the IFs, in particular by approaching the competent authorities of their country so that all medical controls may be performed in optimum conditions."
> (VIEWEG & SIEKMANN, 2007, S. 51)

Wie die NOCs gegen Doping vorgehen, ist innerhalb der Länder verschieden; manche haben eigene Anti-Doping Regeln erstellt, die von den nationalen Verbänden akzeptiert werden müssen, andere haben die Regeln des IOC ganz übernommen. Sie können aber auch in Kooperation mit den Behörden ein eigenes Anti-Doping Komitee gründen, oder die Verantwortung auf die nationalen Verbände übertragen (ebd.).

3.1.3 Der CAS

Der Internationale Sportgerichtshof (CAS) wurde 1983 ratifiziert und trat 1984 in Kraft. Offiziell anerkannt wurde der CAS vom Schweizer Bundesgericht erst 1993. Die Urteile des CAS waren zivil- und strafrechtlich nicht wirksam und konnten durch ordentliche Gerichte angefochten werden. Der CAS war zu diesem Zeitpunkt nicht unabhängig, da er zunächst vom IOC finanziert wurde (vgl. HUNT, 2011, S. 89).

In der Zeit vom 13.-14. September 1993 wurde auf der Internationalen Recht-, und Sportkonferenz von den IFs eine Änderung ihrer Statuten vorgestellt, in denen sie, nachdem zuvor die internen Möglichkeiten ausgeschöpft worden waren, den CAS als Berufungsinstanz gegen Entscheidungen innerhalb der Verbände festsetzten.[21] Über die Gründung des CAS seien die Athleten sehr glücklich, so Tallberg, denn sie hätten seit den 1980er Jahren einheitliche Dopingregeln von den IFs gefordert und hofften nun, dass diese entstehen werden.[22]

---

[20] ebd.
[21] „Report by the Chairman of the Juridical Commission to the 101st IOC Session". Annex 6, (Prot. 101, IOC Session, S. 99.).
[22] Bericht der Athletes' Commission von Tallberg, (Prot. 101, IOC Session, S. 8).

Ein „International Council of Arbitration for Sport"[23] (ICAS) wurde 1994 als Stiftung gegründet, um neutral und unabhängig die Entscheidungen des CAS zu leiten und zu finanzieren.[24] Diese Stiftung nach schweizerischem Recht ist seitdem die oberste Verwaltungs- und Finanzierungsbehörde des CAS. Das ICAS gibt allen Organisationen der Olympischen Bewegung die gleiche Entscheidungsmacht, denn von ihren 20 Juristen werden jeweils vier von IOC, NOCs und IFs ernannt, vier vertreten die Interessen der Athleten und vier weitere werden von Organisationen entsandt, die nicht zur Olympischen Bewegung gehören. Unterteilt wird das CAS vom ICAS in zwei Bereiche: Zum einen in ein gewöhnliches Schiedsgericht, zum anderen in ein Berufungsgericht, das sich mit Dopingfällen und Entscheidungen anderer Sportorganisationen, wie den IFs, befasst.[25]

Seit 1994 mischten sich immer mehr Behörden in die Belange des Sports ein, vor allem in die Entscheidungen der IFs in Bezug auf Doping, weshalb die Stärkung des CAS durch den ICAS nötig geworden war.[26] Nun konnte der Sport von der Gesellschaft abgeschirmt und eine Parallelwelt geschaffen werden, die ihren eigenen Gesetzen untersteht.

MARKOWETZ (2003, S. 173) sieht allein mit dem CAS als einziger Berufungsinstanz die Chance, dass „Doping nachhaltig bekämpft werden kann." Eine einzige Behörde war von Nöten, die „einigermaßen beständige und vor allem vorhersehbare Rechtsprechung [...] gewährleisten" kann (ebd.).

3.1.4 Die IFs

Das IOC bestimmt, welche internationalen nichtstaatlichen Organisationen, die eine oder mehrere Sportarten auf internationaler Ebene verwalten, zu Internationalen Verbänden (IFs) werden. Dabei müssen die Statuten, Gepflogenheiten und Aktivitäten der IFs innerhalb der Olympischen Bewegung in Übereinstimmung mit der Olympischen Charta stehen. Besonders die Annahme

---

[23] „Report on the Court of Arbitration for Sport (CAS)". Annex 16, (Prot. 102, IOC Session, S. 115f.).
[24] „Report by the Chairman of the Juridical Commission to the 101st IOC Session". Annex 6, (Prot. 101, IOC Session, S. 98f.).
[25] „Report on the Court of Arbitration (CAS), by H.E. Judge Kéba Mbaye, CAS President". Annex 16, (Prot. 102, IOC Session, S. 115f.).
[26] Hodler zum Bericht der Juridical Commission von Mbaye, (Prot. 107, IOC Session, S. 6f.).

und Umsetzung des World Anti-Doping Codes der IFs sind dem IOC wichtig. Jede IF ist unabhängig und ihre Autonomie in der Verwaltung ihrer Sportart wird durch den Vorsitzenden bewahrt (FRITZWEILER, 2007, S. 766). Die IFs stehen in der Hierarchie der Sportorganisationen an höchster Stelle.

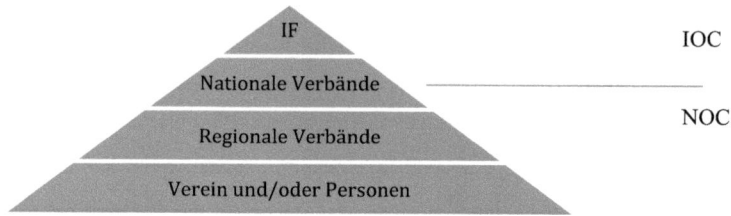

Abb. 2 Organisationsstruktur des Sports (vgl. VIEWEG & SIEKMANN, 2007, S. 49).

Das IOC ist durch seine Anerkennung der IFs hauptsächlich für den Oberbau der Pyramide zuständig. Mit den nationalen Verbänden kooperiert das IOC selbst nur zum Teil. Die NOCs, die ihrerseits die Verbände auf nationaler Ebene durch die Konformität mit der Olympischen Charta anerkennen, sind für den gesamten Unterbau verantwortlich (VIEWEG & SIEKMANN, 2007, S. 49f.).

Die Aufgaben der IFs sind nach der Olympischen Charta[27]:

- Schaffung einheitlicher Sportregeln
- Organisation von Weltmeisterschaften
- Regelung des internationalen Sportverkehrs (KERN, 2007, S. 100).

Mit dem letzten Punkt sind sie auch für die Dopingbekämpfung zuständig, weshalb fast alle IFs Dopingbestimmungen in ihr Regelwerk impliziert haben (SUMMERER, 2007, S. 192). Der Zuständigkeitsbereich für Trainingskontrollen wird häufig an die NFs weitergegeben, die diese Kontrollen oft gar nicht durchführen. Hier besteht ein Problem der Zuständigkeitsvielfalt, bei der sich die eine Seite darauf verlässt, dass die andere die Kontrollen schon durchführen wird. Am Ende geschieht oft gar nichts (vgl. KERN, 2007, S. 140f.).

Die IFs können ferner die Zulassungskriterien für die Olympischen Spiele festsetzen, dem IOC zur Genehmigung vorlegen und bei Olympischen Spielen die Verantwortung für die technische Kontrolle und die Leitung ihrer Sportart

---

[27] siehe auch FRITZWEILER, 2007, S. 741-790.

übernehmen. Außerdem dürfen sie das IOC bei Vorschlägen bzgl. der Olympischen Charta, der Olympischen Bewegung und bei der Vorbereitung Olympischer Kongresse unterstützen. Auf Bitten des IOC ist es für die IFs möglich, an der Arbeit der Kommissionen des IOC mitzuarbeiten (FRITZWEILER, 2007, S. 767).

3.2 Die UNESCO

Als Organisation der Vereinten Nationen für Erziehung, Wissenschaft und Kultur, hat sich die UNESCO zum Auftrag gemacht, Doping aus dem Sport zu verbannen. Sie ist in der Vergangenheit oftmals aus Anlass Olympischer Spiele Schirmherrin über sportwissenschaftliche Kongresse gewesen und steht schon alleine deshalb mit dem IOC in Kontakt (KIRSCH, 1990, S. 330). Vertreter der UNESCO sind aber auch regelmäßige Teilnehmer der Anti-Doping Sitzungen des IOC. Am 28. Januar 1994 wurde vom IOC und der UNESCO eine Kooperationsvereinbarung unterzeichnet, die gemäß der „IOC/UNESCO Joint Declaration" (s. Kap. 4.2.8) sicherstellen soll, dass das IOC und die UNESCO intensiver zusammenarbeiten.[28] Seit Gründung der WADA arbeitet die UNESCO sehr eng mit ihr zusammen und versucht sie bestmöglich zu unterstützen. So hat die UNESCO z.B. maßgeblich zur Stärkung des WADC von staatlicher Seite (s. Kap. 5.7) durch die „UNESCO Convention" beigetragen. Die WADA nennt in ihrem Strategic Plan explizit die Zusammenarbeit mit der UNESCO. Beide sind bestrebt jedes Land zur Ratifizierung der UNESCO Convention zu bewegen.[29]

3.3 Der Europarat

Gegründet wurde der Europarat 1949 und ist nicht zu verwechseln mit der EU, oder dem Europäischen Rat.

Dies sind die wichtigsten Ziele des Europarates (COUNCIL OF EUROPE, 2012, S. 2):

- Menschenrechte, Demokratie und Rechtsstaatlichkeit fördern.
- Förderung der kulturellen Identität und Vielfalt Europas.

---

[28] Bericht des Generaldirektors, (Prot. 102, IOC Session, S. 2).
[29] Strategic Objectives, (WADA, 2007b, S. 10).

- Das Erreichen einer demokratischen Stabilität durch eine politische, rechtliche und verfassungsrechtliche Reform.

Die angesprochenen Werte sind als „Grundlage jeder toleranten und zivilisierten Gesellschaft [...] unerlässlich" (COUNCIL OF EUROPE, 2012, S. 2). Der Europarat sieht die Zusammenarbeit mit anderen Organisationen im Sinne eines vielfältigen Europas als seine Hauptaufgabe an. Da Sport nicht nur die Gesundheit der Menschen fördert, sondern sich besonders positiv auf Integrationsprozesse und zwischenmenschliche Beziehungen auswirkt, ist der Sport dem „Komitee für außerschulische Erziehung" untergeordnet.

Nachdem das Komitee des Europarates 1963 eine eigene Dopingdefinition erstellt hatte, wurde 1983 eine Europäische Anti-Doping Charta gegründet. Hierzu wurde eine Arbeitsgruppe mit Mitgliedern aus IOC, GAISF und anderen westlichen Staaten eingerichtet, um gemeinsam an diesem Text zu arbeiten, der eine Basis für eine weltweite Einigung sein könnte.[30] Seit 1985 hat eine Arbeitsgruppe der Europäischen Sportkonferenz diese Aufgaben übernommen (DONIKE & RAUTH, 1996, S. 22). Am 3. Dezember 1990 hat der Rat und die im Rat vereinigten Vertreter der Regierungen der Mitgliedsstaaten einen Anti-Doping Verhaltenskodex beschlossen. Hauptsächlich sollte dieser Initiativen der Ausbildung, Aufklärung und Erziehung gegen Doping stärken. In Punkt 7 wird die Olympische Bewegung mit einbezogen, denn jede Organisation, die sich an Sportveranstaltungen beteiligt, soll noch größeren Wert auf Fairness legen. Verbände auf nationaler und internationaler Ebene sollen „in Fragen der Dopingbewertung und Dopingkontrolle zusammenarbeiten" (EUROPÄISCHE KOMMISSION, 1992). Laboratorien sollen exakt und zuverlässig arbeiten, sowie nach neuen Dopingmitteln forschen (DONIKE & RAUTH, 1996, S. 22). Neue Forderungen werden im Verhaltenskodex nicht gestellt, allerdings die Kooperation von Mitgliedern der Olympischen Bewegung gefordert.

Aufgrund der Vorkommnisse bei der Tour de France 1998 (s. Kap. 4.5.1), wurden die Mitgliedsstaaten und die Europäische Kommission für Bildung und Kultur vom Europarat im Dezember 1998 eingeladen, gemeinsam mit den

---

[30] siehe „Report of the Medical Commission presented by Prince Alexandre de Mérode, Chairman". Annex 22, (Prot. 87, IOC Session, S. 92).

Sportorganisationen nach Problemlösungen zu suchen. Die Kommission für Bildung und Kultur erstellte daraufhin im Dezember 1999 einen Plan, in dem das weitere Vorgehen des Europarates festgehalten wurde. Besonders die Beteiligung des Europarats an der Gründung der WADA gehörte dazu (EUROPÄISCHE KOMMISSION, 2004, S. 16). Nach dem Skandal der Tour de France war den Behörden bewusst geworden, dass sie stärker mit den internationalen Sportorganisationen zusammenarbeiten müssen.

4. Die Harmonisierungsbestrebungen des IOC vor Gründung der WADA

4.1 Der Hintergrund

Mit stichprobenartigen Dopingkontrollen hat das IOC in den 1960ern begonnen, das aufkommende Problem des Dopings zu bekämpfen. Bei den Olympischen Spielen in Mexico Stadt 1968, wurden sie zum ersten Mal ausnahmslos durchgeführt. Das IOC veröffentlicht seit 1970 die Liste, die definiert, was unter Doping fällt und was nicht. Allerdings hat es nicht die alleinige Macht, diese Liste durchzusetzen, da das IOC nur alle vier Jahre, bei den Olympischen Spielen, die Sportler auf Doping überprüfen kann. In der Zeit zwischen den Spielen gibt das IOC den Verbänden lediglich Hinweise zur Handhabung des Dopingproblems, die mehr oder weniger beachtet werden. Somit ist das IOC auf die Verbände angewiesen, um eine erfolgreiche Anti-Doping Politik betreiben zu können. Durch die große Anzahl an Verbänden, existieren viele Meinungen zum Thema Doping, bzw. einer geeigneten Anti-Doping Politik. Die unterschiedliche Vorgehensweise im Bezug auf Kontrollen, Regeln und Strafen von IOC und IFs führt zu einem Dilemma, da Kommunikationsprobleme, Disharmonien und immer neue Dopingtechniken das Dopingproblem rasant wachsen lassen. KERN (2007, S. 140) sieht hier das Hauptproblem: Solange die „Sportorganisationen an ihrer Regelungskompetenz [...] festhalten", kann eine „vollständige Kongruenz von Regelungsinhalten nicht erreicht" werden. Als Vorreiter, ja sogar Vorbild der Anti-Doping-Bewegung, wie sich das IOC gerne selbst betitelt, will es die Missstände beseitigen und den Sport „sauber" machen.[31]

Nachfolgend werden die Harmonisierungsbestrebungen des IOC bis zur Gründung der WADA beschrieben und die Prozesse unter der Fragestellung analysiert.

---

[31] vgl. Pound zum Bericht der Medical Commission von de Mérode, (Prot. 99, IOC Session, S. 21).

4.2 Die Anti-Doping Politik des IOC der 1980er Jahre

4.2.1 Boykott und Doping – Das Ende der Olympischen Spiele?

Nachdem es bei den Sommerspielen von Moskau 1980, wegen des Einmarsches der Sowjetunion in Afghanistan, zu einem Boykott der USA und 65 weiterer Staaten gekommen war, wurden die Spiele von Los Angeles 1984 von der Sowjetunion und anderen Ostblock-Staaten boykottiert. Aus diesem Grund befürchtete das IOC in Zukunft häufiger Teilnahmeabsagen verfeindeter Staaten, bzw. eine Ausbreitung des Kalten Krieges in die Partizipation an Olympischen Spielen. Deshalb wurde Folgendes beim Kongress 1984 in Sarajevo beschlossen: Alle Länder, die ein NOK besitzen, werden zu den Olympischen Spielen vom jeweiligen Organisationskomitee der Spiele a priori eingeladen und kein NOK darf von ihm ausgeschlossen werden. Keine private oder politische Organisation, NOKs und Regierungen eingeschlossen, darf die Teilnahme von Athleten oder Mannschaften an den Spielen verhindern.[32]

Mit dieser Festsetzung sollte zumindest seitens des IOC die mögliche Teilnahme von Athleten und Mannschaften garantiert werden. Athleten, die Olympianormen erfüllen, dürfen nicht an der Teilnahme gehindert werden, wenn sie teilnehmen möchten. Dies ist der Versuch des IOC weitere Boykottierungen von Olympischen Spielen, die einen großen Imageschaden zur Folge hätten, zu verhindern.

Probleme der Olympischen Spiele sah Matts Carlgren in Zukunft nicht bei der Teilnahme der Staaten, sondern im Doping und schlug dem IOC vor, mehr Forschungsfinanzierung in diesem Bereich zu leisten.[33]

Der Präsident des Organisationskomitees der Olympischen Spiele 1980, Ignati T. Novikov, wollte die Anti-Doping Kontrollen in Moskau durch den Einsatz von hochklassigen Spezialisten aus verschiedenen Ländern internationalisieren und dadurch verbessern.[34] Dies kann als erster Schritt in Richtung internationalem Anti-Doping Netzwerk gewertet werden. HUNT (2011, S. 86) erklärt den Einsatz der UdSSR zur Dopingbekämpfung damit, dass die USA den Ostblock-Staaten

---

[32] siehe Comité International Olympique, „Press Release", Lausanne 21. November 1983, Ref. No. PR/48/83, Annex 1, von Annex 19 „Report of the Athletes' Commission presented by Mr. Peter Tallberg, Chairman", (Prot. 87, IOC Session, S. 69).
[33] Carlgren über die Zukunft der Olympischen Spiele, (Prot. 89, IOC Session, S. 13).
[34] siehe „Report by Mr. Ignati T. Novikov, President of the organising committee for the games of the XXIInd Olympiad in Moscow". Annex 5, (Prot. 84, IOC Session, S. 66).

medizinisch uneinholbar voraus gewesen sein sollten. Ein Grund könnte aber auch die Verschleierung der eigenen Dopingaktivitäten durch starken Aktionismus gewesen sein.

Während die Sowjetunion eine Art „staatsgefördertes Doping" seiner Athleten betrieb, war auch auf Seiten der US-Amerikaner eine Kultur vorhanden, in der sportlicher Erfolg gleichzeitig auch ein Zeichen (inter)nationaler Vormachtstellung war (HUNT, 2011, S. 69f.). Inoffiziell standen demnach nicht alle Staaten hinter der Anti-Doping Politik des IOC, weshalb die IOC Mitglieder bei den Olympischen Spielen 1984 in Los Angeles befürchteten, dass amerikanische Gerichte im Falle eines positiven Dopingtests bei US-Athleten eingreifen würden. Der italienische Delegierte Franco Carraro forderte auf dem Kongress im Juli deshalb, dass die Tests unter strengsten Bedingungen ablaufen sollen und jeder positive Test ohne Eingreifen der US-Justiz bestraft werden könne. Prinz de Mérode versicherte Carraro, das Vorgehen des IOC würde sich nicht durch die Möglichkeit eines Prozesses mit US-Justiz ändern. Jeder Dopingfall würde in Übereinstimmung mit den Regeln des IOC behandelt werden.[35] Ganz so, wie sich de Mérode die Dopingkontrollen vorgestellt hat, sind sie nicht abgelaufen. Angeblich war kein einziger getesteter US-Amerikaner positiv getestet worden und insgesamt gab es nur zwölf Dopingsünder. Deutlich zeigt sich die Handlungsunfähigkeit des IOC, denn gemessen an der Zahl, der des Dopings überführten Sportler zu Beginn des Dopingkampfes der Medical Commission in den 60er Jahren, ist ein Zuwachs nicht eingetreten (ebd., S. 75). Ursache dafür mag auch der „Verlust" von positiven Proben sein, der die Beweislage für mögliche Sanktionen zunichte machte. Prinz de Mérode war aufgrund von 14 überführten Dopingsündern[36] während der Spiele 1984 mit der Aufdeckungsrate zufrieden und äußerte sich zu dem Ereignis später so: „[...] it was not necessary to make a scandal out of the matter"[37]. Er sehe die ganze Angelegenheit höchstens in seinen Memoiren erwähnenswert. Das IOC hätte aus den Vorkommnissen gelernt. Das Organisationskomitee hätte nur versehentlich

---

[35] Debatte von Carraro und de Mérode zum Bericht der Medical Commission von de Mérode, (Prot. 88, IOC Session, S. 23).
[36] Im Jahre 1994 wurde noch von 14 überführten Dopingsündern ausgegangen. HUNT (2011, S. 75) zufolge sind es aber nur zwölf gewesen.
[37] de Mérode zur Nachfrage Carraros zum Vorfall in Los Angeles 1984, (Prot. 103, IOC Session, S. 17).

die Codes von besagten Proben zerstört.[38] Dass das Organisationskomitee überhaupt in die Nähe von Dopingproben gelangen und diese, wenn auch vielleicht nur zufällig, zerstören konnte, bringt das Komitee zweifelsfrei in die Lage manipulierend eingreifen zu können. Im Kalten Krieg wurde eine solche Möglichkeit zur Verbesserung des Medaillenspiegels noch eher genutzt. Prof. Arnold Beckett, Mitglied des Organisationskomitees der Spiele von Los Angeles, hatte anscheinend ein Interesse daran, einen Skandal zu verhindern, wie er vier Jahre später in Seoul stattfand:

> „It would have done quite a lot of damage if five or six [...] of the positives [...] had led to the medal winners, as undoubtedly it would have done. Some of the federations are happy to show that they're doing something in getting some positives, but they don't want too many because that would damage the image of the Games" (zit. nach HOBERMAN, 2001, S. 244)

Es sollte nicht zu effektiv mit allen verfügbaren Mitteln gegen Doping vorgegangen werden, aber nach ausreichender Kontrolle aussehen. Dabei sollte das Image der Spiele nicht darunter leiden.

4.2.2 Disqualifikation oder eine lebenslange Sperre von Dopingsündern?

Bereits Anfang der 1980er Jahre wurde vom IOC das Problem unterschiedlicher Regeln und Sanktionen bei Dopingverstößen diskutiert. Seit 1981 fordert die Athletes' Commission härtere Strafen bei Verstößen gegen die Dopingbestimmungen und unangemeldete zufällige Tests während der Trainingsphasen.[39] Die existierenden Dopingstrafen sollten strenger durchgesetzt und durch Geldstrafen ergänzt werden.[40] Die Spanne der Strafen ist sehr groß und reicht von Disqualifikation des Sportlers bis hin zu einer lebenslangen Sperre. So unterschiedlich wie die Strafen sind auch die Meinungen über ein angemessenes Strafmaß:

Der Sportmediziner Dr. Eduardo Hay wollte die Sanktionen des IOC an die der Verbände anpassen, allerdings mit dem Unterschied, dass die Athleten für das

---

[38] de Mérode zur Nachfrage Carraros zum Vorfall in Los Angeles 1984, (Prot. 103, IOC Session, S. 17).
[39] „Report by Mr. Peter Tallberg, Chairman of the IOC Athletes' Commission to the 94th IOC Session, Seoul, September 1988". Annex 3, (Prot. 94, IOC Session, S. 55).
[40] siehe „Final Declaration of the XIth Olympic Congress in Baden-Baden, 29. September – 2. Oktober 1981". Annex 3, (Prot. 84, IOC Session, S. 58).

Minimum von vier Jahren ausgeschlossen werden sollten.[41] Damit ist dieser Vorschlag gemäßigter als die anderer IOC-Mitglieder, die eine lebenslange Sperre forderten. Bei einem positiven Testergebnis sollte, laut General Stoytchev, der Sportler oder bei Mannschaftssportarten die gesamte Mannschaft lebenslang gesperrt werden. Das gleiche solle auch für Ärzte und Trainer gelten.[42]

An dieser Forderung wird die Härte deutlich, mit der manche IOC Mitglieder des Dopingproblems Herr werden wollten. Sogleich stößt das IOC an die Grenzen seines Kompetenzbereichs: Um die Forderung des Generals umsetzen zu können, müsste laut Dr. Hay, primo loco die Rolle des IOC innerhalb der Olympischen Bewegung verändert werden, da das IOC nur während der Olympischen Spiele die Befugnis hatte Recht zu sprechen.[43] Das IOC durfte Sportler nur von den Olympischen Spielen ausschließen, eine Sperre außerhalb der Spiele mussten die IFs bzw. die NOKs aussprechen. Im Falle eines Arztes zum Beispiel wurde bereits eine lebenslange Sperre auf olympischer Ebene verhängt, die Medical Commission sollte deshalb erwägen, diesen Bann auf die NOKs auszuweiten.[44]

Im Jahre 1988 beklagt der Sportmediziner Dr. Hay, dass die Verbände nicht mit dem IOC kooperieren würden und Dopingverstöße, wie z.B. während der Panamerikanischen Spiele, durch die Verbände nur mit einer Disqualifikation geahndet blieben. Das Problem sei auch hier die allein auf die Olympischen Spiele eingeschränkte Jurisdiktion des IOC. Dopingsünder sollten von den Verbänden von allen zukünftigen Events und von den Olympischen Spielen ausgeschlossen werden. Laut dem Sportfunktionär der DDR Günther Heinze, sei es wegen der verschiedenen Regeln und Regularien der Verbände sehr schwer, ein einheitliches Vorgehen vom IOC festzulegen. Um gemeinsam einheitliche Strafen für Dopingsünder zu entwickeln hat das IOC bereits 1987 Briefe, mit dem Anliegen zu kooperieren, an die einzelnen NOCs und IFs verschickt.[45]

---

[41] Dr. Hay über die Zulassung zu den Olympischen Spielen, (Prot. 83, IOC Session, S. 27).
[42] Nachfrage General Stoytchevs zum Bericht der Medical Commission, (Prot. 84, IOC Session, S. 29).
[43] Dr. Hay zu General Stoytchevs Nachfrage zum Bericht der Medical Commission, (Prot. 84, IOC Session, S. 29).
[44] de Mérode zu General Stoytchevs Nachfrage zum Bericht der Medical Commission, (Prot. 84, IOC Session, S. 29f.).
[45] Stellungnahmen von Dr. Hay, Günther Heinze und de Mérode zum Bericht der Medical Commission, (Prot. 93, IOC Session, S. 11f.).

Prinz de Mérode gesteht den Athleten das Recht zur Beschwerde über verschiedene Regelungen zu. Die Medical Commission suche, so de Mérode, den Dialog mit den Verbänden, um einheitliche Regeln, Prozeduren und Sanktionen bei Dopingtests während der Trainingsphasen zu entwickeln. [46] Nach der Olympiade von Seoul 1988 fand aus diesem Grund eine Konferenz mit dem Prinzen de Mérode, dem Sportmediziner Dr. Kim und den Verbänden statt (siehe Kap. 4.2.5). [47] Ziel dieser Konferenz war die Schaffung einer einheitlichen Grundlage, um danach zu zufälligen Kontrollen übergehen zu können. Gemäß de Mérode müssten nach der Voraussetzung, dass alle an einem Strang ziehen, auch einheitliche Verfahren, Regeln und Sanktionen bestehen. [48]

4.2.3 Das Problem der Durchführung von Dopingkontrollen

Die Medical Commission hatte in den 1980er Jahren gehofft, Dopingkontrollen in der Phase zwischen den Olympischen Spielen durchführen zu können. Bestärkt wurde die Kommission durch das Interesse der Athleten an solchen Kontrollen. Auch die Athleten machten ihrerseits den Vorschlag, dass Dopingtests nicht nur auf Olympische Spiele oder Weltmeisterschaften beschränkt sein sollten, sondern in Kooperation mit den IFs (Internationalen Verbänden) und den NOKs das gesamte Jahr hindurch weltweit durchgeführt werden. [49]

Aus diesem Grund sollten mehr neutrale Labore für Dopingkontrollen errichtet werden, in der Annahme, dass man auf diese Weise Dopingsünder an der Teilnahme an Olympischen Spielen hindern könne. [50] Überführte Athleten könnten, nach de Mérode, erst dann auf regionaler Ebene gesperrt werden, wenn die Qualität und das Netzwerk verlässlicher, neutraler Doping-Labore gesteigert würde. [51] Hieran kann man erste Bestrebungen des IOC erkennen,

---

[46] Stellungnahmen von Dr. Hay, Günther Heinze und de Mérode zum Bericht der Medical Commission, (Prot. 93, IOC Session, S. 11f.).
[47] Robert Helmick zum Bericht der Medical Commission, (Prot. 93, IOC Session, S. 13).
[48] vgl. Kommentar von de Mérode zum „Report by Mr. Peter Tallberg, Chairman of the IOC Athletes' Commission to the 94th IOC Session, Seoul, September 1988". Annex 3, (Prot. 94, IOC Session, S. 55).
[49] siehe „Final Declaration of the XIth Olympic Congress in Baden-Baden, 29. September – 2. Oktober 1981". Annex 3, (Prot. 84, IOC Session, S. 58).
[50] Bericht der Medical Commission von de Mérode, (Prot. 84, IOC Session, S. 28f.).
[51] de Mérode zu General Stoytchevs Nachfrage zum Bericht der Medical Commission, (Prot. 84, IOC Session, S. 29f.).

Dopingkontrollen in Kooperation mit anderen Mitgliedern der Olympischen Bewegung durchzuführen und dafür die notwendigen Einrichtungen zur strukturierten Bekämpfung zu schaffen. Die Medical Commission des IOC war, in Übereinstimmung mit dem Vorschlag, weltweit neutrale Labore einzurichten, allein für die Anerkennung solcher Labore zuständig. Sie prüfte, ob es möglich wäre, Labore obendrein für nationale Dopingtests einzurichten. Ferner war die Medical Commission für die Ausbildung nationaler Ärzte verantwortlich.[52] Um die Koordination zwischen der Medical Commission des IOC und den NOKs zu verbessern, sollte jedes NOK einen Arzt nominieren, der zwischen den Institutionen als Kontaktperson fungiert. Die NOKs ernannten daraufhin mit großem Enthusiasmus medizinische Kontaktpersonen, in der Hoffnung, die Kommunikation zwischen den NOKs und der Medical Commission des IOC zu verbessern.

„It is hoped that via the medical liaison officers each NOC will be better informed of the various activités and the decisions taken by the IOC Medical Commission."[53]

Die Berufung von Personen aus anderen Organisationen in wichtige Kommissionen des IOC förderte die Zusammenarbeit innerhalb der Olympischen Familie. In Kooperation mit den internationalen Verbänden sollten in Laboren standardisierte Verfahren für das von der Kommission gebannte Blutdoping entwickelt werden. Dafür hatte sich die Kommission mit Vertretern der IAAF, AIBA, FINA und IWF getroffen.[54] Standardisierte Verfahren mussten für die Harmonisierung von Dopingkontrollen entwickelt werden. Wenn große internationale Verbände bei deren Entwicklung mitwirken und diese Verfahren übernehmen, erhöht sich die Chance, dass die anderen IFs sie anwenden.

Auch auf der 91. IOC Session in Lausanne waren Dopingkontrollen außerhalb von Wettkämpfen ein Hauptziel der Medical Commission. Zwar hatte die Medical Commission immer wieder Rücksprachen mit den IFs geführt, war aber nicht in der Lage, da die finanziellen und rechtlichen Mittel fehlten, solche Tests selbst vorzunehmen. Die Rolle des IOC hatte sich innerhalb der Olympischen

---

[52] siehe „Final Report of the Working Group for the study of the Congress presented by Mr. Vitaly Smirnov, Chairman". Annex 23, (Prot. 86, IOC Session, S. 122).
[53] „Report of the IOC Medical Commission to the 91st Session of the International Olympic Committee". Annex 20, (Prot. 91, IOC Session, S. 197).
[54] de Mérode in Bezugnahme auf den Bericht der Medical Commission zur 90. IOC Session, (Prot. 90, IOC Session, S. 21f.).

Bewegung nicht dahin verändert, dass ihnen die Jurisdiktion für solche Tests von den Verbänden übertragen worden war. Einige Verbände (FISA und IWF) hatten 1986 damit begonnen, Tests vor ihren eigenen Weltmeisterschaften zu planen. Andere Verbände würden, so de Mérode, ihrerseits Out-of-Competition Tests planen, was zeige, dass die IFs und NOKs hinsichtlich Dopingtests einen Schritt in die richtige Richtung machen.[55] Deshalb forderte Mérode andere Verbände und NOKs dazu auf, sich den Vorreitern anzuschließen:

> „The Medical Commission recommended to IFs and NOCs to follow this course and much was already being done, for instance in the Scandinavian countries."[56]

Zwei Jahre später beruhte Out-of-Competition Testing allerdings noch immer auf der Initiative einzelner Verbände. Um eine gemeinsame Strategie zu entwickeln, wie Kontrollen während des Trainings überall umsetzbar wären, wurde im Jahre 1988 von der Medical Commission ein Antrag beim Vorstand des IOC gestellt, dass das IOC in dieser Frage mit NOKs und IFs zusammenarbeitet.[57] Zeitverzögerungen in der Umsetzung von neuen Methoden und Verfahren haben hauptsächlich mit der Rolle des IOC zu tun, das zwar Ideen äußern kann, die aber IFs und NOKs nicht verpflichten, selbige Vorschläge anzunehmen. Harmonisierend wirken kann das IOC auf Dopingkontrollen nur durch das Einbeziehen von Mitgliedern dieser Organisationen. Um Out-of-Competition-Dopingkontrollen besser durchführen zu können, hat die Medical Commission auf der IOC Session 1989 in Puerto Rico empfohlen, ein mobiles Analyselabor einzurichten. Der Vorteil eines solchen Labors wäre es, weltweit ungebunden agieren zu können und damit zumindest theoretisch jeden Sportler zu erreichen. Aufgrund von Rückfragen mehrerer IOC-Mitglieder hatte de Mérode erklärt, dass es sich hierbei um eines der vom IOC finanzierten Labors handeln solle, damit keine Firma kommerzielle Interessen verfolgen könne. Zwar sei der Kampf gegen Doping finanziell sehr aufwändig, doch empfand de Mérode, die Finanzierung stelle weniger eine Hürde dar, sondern werde vielmehr als Entschuldigung benutzt.[58]

---

[55] vgl. de Mérode zur Frage von Pirjo Häggman, (Prot. 91, IOC Session, S. 66).
[56] ebd.
[57] Bericht der Medical Commission von de Mérode, (Prot. 93, IOC Session, S. 10).
[58] vgl. Bericht der Medical Commission von de Mérode, (Prot. 95, IOC Session, S. 11f.).

Lange vor dem Ben-Johnson-Skandal 1988 gab es Überlegungen, wie man durch Kontrollen die Entehrung der Olympiasieger verhindern könne. General Stoytchev forderte bereits 1981 die Kontrolle aller Sieger auf Dopingsubstanzen, bevor ihnen die Medaillen verliehen werden, selbst wenn das eine Verzögerung der Zeremonien zur Folge hätte.[59] Er wollte damit verhindern, dass es einen gedopten Olympiasieger gibt, dem nachträglich die Medaille aberkannt werden muss. So sollte großes Medienaufsehen verhindert werden. Dr. Hay bemerkte dazu, dass es zumeist nicht die Medaillengewinner wären, die während eines Wettkampfs gedopt hätten, sondern diejenigen, die eine nicht so starke Leistung erbrächten.[60] Dass Dr. Hay hier unzureichend argumentiert, zeigte der Ben-Johnson-Skandal sieben Jahre später, denn auch Olympiasieger strebten stets danach, besser zu sein als alle anderen. Da man sich Ende der 80er Jahre eigentlich eher fragen musste, welcher Athlet nicht gedopt war, waren nicht die zumeist schlechteren Athleten, die durch Doping zur Weltspitze aufschließen wollten, sondern alle Athleten potentielle Dopingsünder. Die Dopingskandale von Johnson bis zur Tour de France beweisen, dass auch einige der Spitzenathleten gedopt starten (BETTE & SCHIMANK, 2006a, S. 293). Medaillengewinner, der Viertplatzierte und zwei zufällige Sportler würden dem Vorsitzenden der Medical Commission de Mérode zufolge immer getestet werden.[61]

Dass die nachträgliche Aberkennung von Medaillen im Ablauf der Olympischen Spiele nicht verhindert werden kann, zeigen aktuelle Fälle: z.B. wurden bei der weißrussischen Kugelstoßerin Nadeschda Ostaptschuk bei den Olympischen Spielen 2012 in London vor und nach dem Wettkampf Anabolika gefunden (vgl. STAIB, 2012). Selbst die vor dem Wettkampf gezogenen Proben waren erst nach der Siegerehrung analysiert worden und es ist noch heute nicht sicher, ob ein Olympiasieg ohne verbotene Substanzen zustande kam. Durch die Erweiterung der Kontrollen der teilnehmenden Athleten auf circa 50%, wurde die Analyse aller Dopingproben trotz modernster Technik natürlich nicht schneller: Ein Mehr an Dopingproben bedeutet längere Bearbeitungszeiten.

---

[59] Nachfrage General Stoytchevs zum Bericht der Medical Commission, (Prot. 84, IOC Session, S. 29).
[60] Dr. Hay zu General Stoytchevs Nachfrage zum Bericht der Medical Commission, (Prot. 84, IOC Session, S. 29).
[61] de Mérode zu General Stoytchevs Nachfrage zum Bericht der Medical Commission, (Prot. 84, IOC Session, S. 29f.).

4.2.4 Erste Harmonisierungsbestrebungen außerhalb der Olympischen Bewegung

Internationale Beziehungen zu INGOs wurden Ende der 80er Jahre aufgebaut, um auch außerhalb der Olympischen Bewegung Unterstützung bei der Dopingbekämpfung zu bekommen. Deshalb nahm der IOC Präsident Juan-Antonio Samaranch an der 38. Weltgesundheitsversammlung teil, die den Beginn der Zusammenarbeit zwischen WHO und IOC darstellt.[62] Die WHO unterstützte seitdem die Medical Commission des IOC bei der Erstellung von chemischen und biologischen Proben, die weltweit an Dopinglabore geschickt wurden.[63]

Eine Delegation der Olympischen Bewegung durfte im Oktober 1986 in Paris als Beobachter an einem Treffen des Internationalen Komitees für Leibeserziehungen und Sport der UNESCO teilnehmen.[64] Das Auftreten des IOC als kooperierende geeinte Organisation schafft durch die positive Ausstrahlung neue Möglichkeiten, sich mit anderen INGOs und mit staatlichen Behörden auszutauschen.

> „[...] excellent co-operation within the Commission for the Olympic Movement, which increased the Olympic Movement's authority in dealing with state authorities and intergovernmental organizations such as UNESCO."[65]

Deshalb ist es für das IOC besonders wichtig, in der Öffentlichkeit geschlossen aufzutreten und keinen öffentlichen Diskurs zu führen. Nur wenn das IOC von Behörden und anderen Organisationen als ordentlich arbeitende Organisation wahrgenommen wird, kann das IOC mit der nötigen Unterstützung seiner Pläne im Kampf gegen Doping rechnen.

4.2.5 Die 1. Internationale Anti-Doping Konferenz in Ottawa

Vor den Spielen 1988 in Seoul hat die 1. Internationale Anti-Doping Konferenz in Ottawa, unter Leitung von de Mérode und Delegierten von 26 Ländern stattgefunden. Ziel der Konferenz war es, eine Anti-Doping Charta zu erstellen, die vom IOC und den Regierungen akzeptiert werden konnte (HUNT, 2011, S. 83). Prinz de Mérode schätzte die Möglichkeiten einer Einigung mit den Regierungen zwar als gering ein, sieht aber in dem dort erstellten Dokument den ersten Schritt

---

[62] de Mérode in Bezugnahme auf den Bericht der Medical Commission zur 90. IOC Session, (Prot. 90, IOC Session, S. 21 f.).
[63] „Report of the IOC Medical Commission to the 90th Session of the IOC", Collaboration with the World Health Organisation. Annex 11, (Prot. 90, IOC Session, S. 87).
[64] Siperco auf Nachfragen des Präsidenten Samaranch, (Prot. 91, IOC Session, S. 67).
[65] ebd.

zur besseren Kommunikation. Die Charta definierte als Ziel die Vereinheitlichung der Regeln über Doping, Sanktionen und Verfahren. Mit Hilfe der Regierungen, die auf nationaler Ebene durch Gesetze Doping verbieten und Strafen einführen müssen, sollte Doping entgegengewirkt werden. Die Olympische Bewegung sollte auf das Dopingproblem aufmerksam machen und Bildungsprogramme an Schulen und Universitäten entwickeln.[66]

> „[...] government assistance was sollicted in that at national level government legislation would be necessary to ban doping and impose penalization for doping offences, restrict distribution of certain products and supervise customs procedures and so forth."[67]

Die Bestrebungen des IOC sind eindeutig: Nur in Zusammenarbeit mit den Regierungen kann es seine eigenen Vorstellungen der Anti-Doping Politik umsetzen, weshalb das IOC in einen Dialog mit den Behörden treten und mit ihnen kooperieren muss. Prinz de Mérode spricht von der Assistenz der Behörden auf nationaler Ebene, dabei sind beinahe alle Maßnahmen der Anti-Doping Politik des IOC von ihnen durchzuführen. Das IOC hat anscheinend akzeptiert, dass es, solange seine Rolle sich nicht verändert, durch die fehlende Jurisdiktion keinerlei Chancen hat, außerhalb der Olympischen Spiele Doping aktiv zu bekämpfen. Nun nimmt das Komitee die passive Rolle des Beraters und Aufklärers ein und ist, so gesehen, eher die Assistenz der Behörden. Die Finanzierung der großen Zahl von Dopingkontrollen konnte in Ottawa noch nicht geklärt werden.[68] Die Kooperation mit Behörden hat für das IOC den Vorteil, dass öffentliche Gelder mit einfließen können und so der Kampf gegen Doping, der ohnehin sehr kostspielig ist, finanzierbar bleibt.

Die sportliche Ebene ähnelt der politischen.

> „[...] the best solution to the issue of random doping checks would be to encourage the IFs to carry out such checks until such time as systematically enforceable controls could be introduced."[69]

Ohne die Mitarbeit der IFs kann das IOC seinen Plan von Out-of-Competition Testing nicht durchführen. IOC-Mitglied Seiuli Wallwork versuchte den Sportlern halbwegs faire Bedingungen zu schaffen. Seine Bestrebungen, die Übergangsphase für Athleten akzeptabel zu gestalten, zeigen, dass Wallwork

---

[66] Bericht der Medical Commission von de Mérode, (Prot. 94, IOC Session, S. 5).
[67] Bericht der Medical Commission von de Mérode, (Prot. 94, IOC Session, S. 5).
[68] Heinze zum Bericht der Medical Commission von de Mérode, (Prot. 94, IOC Session, S. 5).
[69] Wallwork zum Bericht der Medical Commission von de Mérode, (Prot. 94, IOC Session, S. 6).

weiß, dass das IOC noch nicht das gewünschte Ziel erreicht hat, sich aber zumindest auf dem Weg dorthin befindet.

Solange es noch keine systematischen Kontrollen gäbe, könnten die IFs zufällige Kontrollen durchführen. Damit bestünden laut IOC-Mitglied Seiuli Wallwork für die Sportler zumindest halbwegs faire Bedingungen.[70]

In der Schlusserklärung der 1. Internationalen Anti-Doping Konferenz in Ottawa wurde festgehalten, welchen Stellenwert das IOC im Anti-Dopingkampf hat.

> „Inviting the IOC to take the leading role in securing approval for the Charter as well as in overseeing its implementation."[71]

Die einzelnen Länder und Organisationen erklärten sich dazu bereit, die folgenden Elemente einer gemeinsamen Anti-Doping Strategie anzuerkennen und sowohl individuell als auch kooperativ zu verfolgen:

Im Falle eines Dopingmissbrauchs hätten die NFs und NOKs die IFs und das IOC über die getroffenen Maßnahmen zu informieren.[72] Hierdurch sollte sichergestellt werden, dass die höher gestellten internationalen Organisationen Kenntnis von den Geschehnissen auf nationaler Ebene haben, sowie die getroffenen Maßnahmen überwachen und gegebenenfalls korrigierend eingreifen können.

Ein Athlet, der im Ausland trainiert, sollte von autorisierten Dopingkontrolleuren des Landes, in dem er sich befindet, getestet werden dürfen. Die nationalen Organisationen, unterstützt von ihren Regierungen, erklärten sich dazu bereit. Dadurch entstand die Möglichkeit mehr Athleten kontrollieren zu können, denn die meisten Top-Athleten trainierten während der Saison in Ländern, in denen wichtige Wettkämpfe stattfanden. Viele Stars der Leichtathletik nehmen z.B. an Meetings teil, die ihnen für die Teilnahme eine Prämie zahlen. Nun war es erlaubt, jene Athleten auch zwischen den Wettkämpfen testen zu dürfen, unabhängig ihrer Nationalität.

Strafen sollten ähnliche Effekte haben, zwischen Sportarten innerhalb eines Landes und zwischen den IFs. Damit sollte verhindert werden, dass manche

---

[70] vgl. Wallwork zum Bericht der Medical Commission von de Mérode, (Prot. 94, IOC Session, S. 6).
[71] Document 2, „International Olympic Charter against Doping in Sport". Von Annex 1, „First permanent World Conference on Anti-Doping in Sport, Ottawa, Canada, 26-29 June 1988", Final Declaration, (Prot. 94, IOC Session, S. 102).
[72] ebd., S. 102f.

nationale oder internationale Verbände zu geringe oder zu hohe Strafen verhängen, was innerhalb der Sportwelt zu Streitigkeiten führt. Die Harmonisierung der Strafen im allgemeinen Kontext sollte garantiert werden.

Des Weiteren wurde in der Abschlusserklärung die Rolle der Regierungen im Kampf gegen Doping festgelegt. So sollten Regierungen einen Teil der Finanzierung von Dopingkontrollen übernehmen.[73] Dopingbekämpfung ist sehr kostspielig, sie bringt kein Geld ein und ist nur mit Ausgaben verbunden. Das IOC allein konnte, bzw. wollte diese Ausgaben nicht übernehmen. Da die Lösung des Dopingproblems zu gesellschaftlichem Interesse wurde und sich Regierungen mit der Beteiligung profilieren konnten, wurden öffentliche Mittel zur Finanzierung eingesetzt. Finanzielle Anreize durch öffentliche Fördermittel sollten von staatlicher Seite den Sportorganisationen gegeben werden, die effektive Regularien besitzen. Überführten Sportlern sollten öffentliche Gelder verwehrt bleiben.[74] Die Unterstützung von Sportlern z.B. durch Stiftungen, wie die Deutsche Sporthilfe, soll dann ausgesetzt werden. Für Sportler kann das existenzielle Folgen haben, somit eine tiefgreifendere Problematik darstellen, als eine bloße Sperre.

Ferner wurde vorgeschlagen, dass die Regierungen zusammen mit dem IOC Labore zur Dopingkontrolle einrichten sollten, die sich sowohl auf höchstem technischen als auch ethischem Niveau befinden. Dieser Standard, den das IOC fordert, werde durch Akkreditierung des IOC und ihre regelmäßige Überprüfung garantiert.[75] Das IOC hat eingesehen, dass es nicht allein die finanziellen Mittel besitzt, um weltweit Dopinglabore zu betreiben. Es bat hier die Regierungen um finanzielle Hilfe. Kompetenzen, wie die Akkreditierung der Labore oder die Festlegung der Standards zur Akkreditierung, sollten beim IOC bleiben.

> „In this respect the IOC was hoping to form a body uniting the IFs, NOCs and government representatives to achieve such uniformity of procedure and action."[76]

Zum ersten Mal äußerte das IOC 1988 konkret den Wunsch nach einer supranationalen Organisation mit Mitgliedern der Olympischen Bewegung und

---

[73] ebd., S. 105.
[74] ebd., S. 105.
[75] ebd., S. 106.
[76] Kommentar von de Mérode zum „Report by Mr. Peter Tallberg, Chairman of the IOC Athletes' Commission to the 94th IOC Session, Seoul, September 1988". Annex 3, (Prot. 94, IOC Session, S. 55).

der Regierungen. Die Gründung der WADA kann somit auf die Idee des IOC auf der 1. Internationalen Anti-Doping Konferenz in Ottawa zurückgeführt werden.

> „Considering that both public authorities and the independent sports organizations have separate but complementary responsibilities for the goal to eliminate doping in sport, and that a pre-requisite for success is that they should work together in cooperation and mutual respect for the purpose at all appropriate levels."[77]

Dieses Zitat beschreibt treffend die Situation, in der sich die Behörden und Sportorganisationen befinden. Beide verfolgen das gleiche Ziel, Doping aus dem Sport zu verbannen. Dabei haben sie jeweils unterschiedliche Aufgaben, die sie erfüllen müssen, um das Ziel zu erreichen. Von Erfolg kann das Vorhaben nur gekrönt sein, wenn beide Seiten zuvor kooperieren. Diese Erkenntnis, dass man nur gemeinsam eine Chance hat, den Kampf gegen Doping zu gewinnen, führt nach der 1. Konferenz in Ottawa zu weiteren Treffen.

4.2.6 Der Ben-Johnson-Skandal 1988

Nachdem das IOC sich jahrelang bemüht hatte, Doping aus dem Sport zu verbannen, wurden die Olympischen Spiele '88 in Seoul zum Wendepunkt, als sich das IOC entschied, den populärsten Athleten der Spiele wegen Dopings zu suspendieren.[78] Ben Johnson wurde zum Sündenbock für alle gedopten Athleten der Spiele von Seoul.

> „[...] the whole world was pointing at me saying I was the big, bad guy, the only guy taking substances. Now they can't hide from the truth [...] And I was never alone. In 1988, I was not alone. The majority at Seoul were on some substance." (zit. nach TEETZEL, 2004, S. 217f.)

IOC-Präsident Juan Antonio Samaranch empfand dieses Vorgehen nicht als Niederlage im Kampf gegen Doping, sondern als Möglichkeit weitere Hilfe und Mitstreiter zu bekommen:

> „Many people felt that this was a black day for the Olympic Movement, but in fact after that date more and more IFs, NOCs and governments had joined the fight against doping. Many battles had been won, but the war continued. There were many sports organizations around the world for whom doping did not exist."[79]

---

[77] „International Olympic Charter against Doping in Sport". Dokument 2, von Annex 1, „First permanent World Conference on Anti-Doping in Sport, Ottawa, Canada, 26-29 June 1988", Final Declaration, (Prot. 94, IOC Session, S. 101f.).
[78] Bericht des IOC-Präsidenten Juan Antonio Samaranch, (Prot. 107, IOC Session, S. 1f.).
[79] Samaranch im Bericht des IOC-Präsidenten, ebd.

Das IOC sei, Samaranch zufolge, seit 1968 im Kampf gegen Doping allein gewesen, seit 1988 gäbe es aber auch großes Interesse von anderer Seite.[80] Auch nach IOC-Mitglied Denis OSWALD (1993, S. 36) sind die Sportorganisationen die einzigen, die wirklich Doping bekämpfen. Neu entstandenes Medieninteresse führte dazu, dass sich auch die Behörden mehr mit dem Dopingproblem befassen wollten.

In einem groß angelegten Gerichtsverfahren wurde der Fall des Ben Johnson von Richter Dubin behandelt. Zunächst wurde von der Öffentlichkeit angenommen, dass das Dopingproblem durch den Prozess gelöst werde und der Fall Johnson ein Unikum sei. Der Bericht, „Dubin Report" genannt, zeigte allerdings das Ausmaß des systematischen Dopings im Sport und zurückgehaltene positive Dopingtests (TEETZEL, 2004, S. 218). Nun wusste die Öffentlichkeit, dass die heile Welt des Sports eher einem Sumpf gleicht, in dem Doping und systematischer Betrug existieren. Der Spitzensport wurde durch den Fall Ben Johnson in eine Krise gestürzt, bei der vor allem die Glaubwürdigkeit des Sports litt (VOGEL, 1990, S. 49).

4.2.7 Die erste gemeinsame Anti-Doping Kommission der Olympischen Bewegung

Bezüglich der Zusammenarbeit zwischen der Medical Commission und den IFs befürwortet de Mérode, wie schon in Ottawa, die Einrichtung einer Kommission, die alle betreffenden Sportorganisationen partizipieren lässt:

„A new joint IOC-NOC-IF Commission should be created in order to reach unity regarding rules and procedures."[81]

Diese Kommission wurde 1989 als Internationales Anti-Doping Komitee eingerichtet und tagt jährlich. Im Falle eines aufgedeckten Dopingdeliktes durch ein vom IOC akkreditiertes Dopinglabor soll ein Ad-hoc-Komitee zusammenkommen.[82] Ein erster Schritt in Richtung WADA ist hiermit getan, zwar partizipieren bei diesem Komitee noch keine staatlichen Behörden, die

---

[80] Samaranch zum Bericht der Medical Commission von de Mérode, (Prot. 99, IOC Session, S. 21).
[81] Bericht der Medical Commission von de Mérode, (Prot. 95, IOC Session, S. 12).
[82] „Report of the IOC Medical Commission to the IOC Session Puerto Rico, 1989". Annex 9, Punkt IV. Worldwide Anti-Doping Campaign, (Prot. 95, IOC Session, S. 85).

Sportorganisationen der Olympischen Bewegung arbeiten aber zusammen. Ein supraorganisatorisches Komitee ist es aber noch nicht, da das IOC übergeordnet ist und die Arbeitsweise vorgibt.

4.2.8 Die 2. Internationale Anti-Doping Konferenz

Nachdem die 1. Internationale Anti-Doping Konferenz in Ottawa 1988 ein überragender Erfolg war, wie das IOC formuliert, hielt das IOC vom 10. – 12. Oktober 1989 in Moskau zusammen mit den Behörden der UdSSR, eine zweite Konferenz zu dem Thema „Implementing the Charter, the next campaign" ab. Zusätzlich zu den allgemeinen Themen der Konferenz fanden vier Workshops zu den Themen „Out-of-Competition Testing", „Das nationale Anti-Doping Modell", „Erziehung & Bildung" und „Ethik, Rechte und Pflichten der Athleten und ihres Umfelds" statt. Zur Konferenz wurden die NOK-Präsidenten von 35 verschiedenen Ländern, die Präsidenten aller olympischen IFs, kooperierende Verbände, außerdem Repräsentanten des Europarats und der UNESCO, sowie eine Auswahl an Athleten und Trainern eingeladen.[83]

Anschließend an die 2. Internationale Anti-Doping Konferenz fand im November 1989 die 2. Internationale Konferenz der Sportminister und für Sport zuständigen Regierungsbeamten (MINEPS II) in Moskau statt. Hier sollten die Beziehungen zwischen der Olympischen Bewegung und den Regierungen ausgebaut werden, vor allem jene zwischen den Regierungen und den NOKs der Länder sollten sich verbessern. Eine gemeinsame Erklärung von IOC und UNESCO (IOC/UNESCO Joint Declaration) wurde angenommen, in der man vor allem auf die Kooperationspunkte beider Organisationen einging. Unter anderem sollte die Lücke zwischen den mehr und minder entwickelten Staaten bezüglich der sportlichen Teilnahme an Wettkämpfen geschlossen werden. Der Kampf gegen Doping stellte einen großen Teil der Kooperation dar.[84] Durch die „IOC/UNESCO Joint Declaration" sollte die internationale Dopingbekämpfung besser strukturiert und koordiniert werden.

---

[83] ebd., S. 86.
[84] „Report on the Council of the Olympic Movement". Annex 10, (Prot. 95, IOC Session, S. 88).

Zuvor hatte der Rat der Olympischen Bewegung auf der UNESCO General Konferenz im Oktober 1989 in Paris einen Entschließungsantrag zum Kampf gegen Doping vorgelegt, gemäß der „IOC/UNESCO Joint Declaration".[85] Dieser wurde nach Diskussionen innerhalb der Kommission unverändert und einstimmig angenommen.[86]

Obwohl sich nach dem Mauerfall 1989 und dem Niedergang der Sowjetunion die machtpolitischen internationalen Gefüge änderten und auf vermehrte Kooperation zwischen den ehemaligen Ostblock-Staaten und dem Westen hinsichtlich der Dopingbekämpfung gehofft werden konnte, war der Prozess ein langsamer (vgl. HUNT, 2011, S. 87).

4.3 Die Anti-Doping Politik des IOC der 1990er Jahre

4.3.1 Die "International Olympic Charter against Doping in Sport"

Die erste Edition der Anti-Doping Charta der Olympischen Bewegung wurde allen Teilnehmern der IOC Session in Tokio 1990 ausgehändigt und sollte auf der nachfolgenden Sitzung in Birmingham als Teil der Internationalen Olympischen Charta oder als ihr Anhang anerkannt werden.[87]

Bezüglich der Harmonisierung der Strafen und der Out-of-Competition Tests sah die Athletes' Commission Erfolge durch die Olympische Anti-Doping Charta. Um weiter voranzukommen schlägt sie folgendes auf der Sitzung vom 24. November 1989 in Lausanne vor:

> „The IOC, under the direction of the IOC Medical Commission, requires all International Federations to have harmonized sanctions and testing programmes in place by 1991, or be denied participation in the Olympic Games."[88]

Demnach sollten die Sportarten bereits zu den Olympischen Spielen von Barcelona 1992 ausgeschlossen werden, deren Verbände bis 1991 nicht die vom IOC empfohlenen Strafen und Testverfahren übernommen haben. 1990 hatte sich

---

[85] ebd., S. 89.
[86] „Report by the Council of the Olympic Movement". Annex 10, (Prot. 96, IOC Session, S. 94).
[87] „Report by the IOC Medical Commission to the 97th IOC Session, Birmingham, June 1991". Annex 8, V. Worldwide Anti-Doping Campaign, (Prot. 97, IOC Session, S. 103).
[88] „Statement".Annex 2 von Annex 7, „Report by the Chairman of the Athletes' Commission Mr. Peter Tallberg to the 96th IOC Session, Tokyo, September 1990", (Prot. 96, IOC Session, S. 87).

die Athletes' Commission in Lillehammer zusammengefunden und folgendes gefordert:

> „ All International Sports Federations must accept the IOC Anti-Doping Charter and must implement effective anti-doping standards and controls."[89]

Das IOC solle nicht davor zurückschrecken, Sportarten oder Wettkämpfe von den Olympischen Spielen auszuschließen, falls diese sich weigern sollten, die Anti-Doping Charta in die Tat umzusetzen. Sportarten, die weiterhin größere Dopingprobleme haben, sollten Bewährungszeit bekommen, damit die zuständigen Verbände eine Lösung finden können, bevor sie ausgeschlossen werden.[90] Damit setzt die Athletes' Commission die IFs stark unter Druck, beweisen aber, dass sich die Athleten dopingfreien Sport ersehnen und dafür die eigene Teilnahme an den Olympischen Spielen opfern würden. Dieses Statement kann aus ethischer Sicht nicht hoch genug bewertet werden.

Richtig durchsetzen konnte sich die Olympische Charta gegen Doping allerdings nicht, denn sie war noch nicht ausgereift genug. Die IFs hatten zu viele Beanstandungen, oder konnten die Charta nicht annehmen wegen der Tests der Geschlechtsbestimmung, die nicht mit ihren Statuten in Einklang gebracht werden konnten, da die Bestimmung des Geschlechts nicht relevant ist. Hier herrschte Nachholbedarf, wollte das IOC doch harmonisierend wirken.

4.3.2 Die 3. Internationale Anti-Doping Konferenz

Die 3. Internationale Anti-Doping Konferenz in Bergen fand vom 23.-25. September 1991 statt[91] und befasste sich mit dem Gegenstand „Education and Information of athletes"[92]. In der Schlusserklärung wurde festgehalten, dass man sich mehr Mühe geben müsse mit Ländern, die noch kein Anti-Doping Programm besitzen. Das IOC bemühte sich auf dieser Konferenz darum, weltweit Anti-

---

[89] „Joint executive Board / Athletes' Commission meeting, Lillehammer, 11th December 1990".Annex 2 von Annex 6, „Report by the Chairman of the IOC Athletes' Commission to the 97th IOC Session, Birmingham, June 1991", (Prot. 97, IOC Session, S. 90).

[90] ebd., S. 91.

[91] „Report by the IOC Medical Commission to the 98th IOC Session Albertville, 5-6 February 1992". Annex 7, Punkt VI. Third permanent World Conference on Anti-Doping in Sport: Education / Information, (Prot. 98, IOC Session, S. 111).

[92] „Report by the IOC Medical Commission to the 96th IOC Session, Tokyo, 17-20 September 1990". Annex 9, (Prot. 96, IOC Session, S. 91).

Doping Programme aufzubauen und durch Bildungsprogramme dem Dopingmissbrauch entgegenzuwirken. Je mehr Länder sich am Kampf gegen Doping beteiligen und je größer die öffentliche Aufmerksamkeit auf das Problem gerichtet ist, desto eher werden finanzielle Mittel hierfür bereitgestellt. Alle in der Abschlusserklärung aufgeführten Probleme versuchte eine neu gegründete International Working Group (IWG) zu lösen, indem sie unter anderem mit Sportämtern und Behörden zusammenarbeiten, aber vor allem die Zusammenarbeit mit Regierungen und Verbänden, im Hinblick auf eine „harmonized global campaign"[93], weiter fördern wollte.[94] Die Wortwahl zeigt das Bestreben des IOC nach einer harmonisierten weltweiten Anti-Doping Politik. Zwar wird hier nicht von der Gründung einer Institution wie der WADA gesprochen, jedoch der Wunsch nach einer einheitlichen Anti-Doping Kampagne formuliert.

4.3.3 Neue Bestrebungen, die Dopingkontrollen zu harmonisieren

Eine Unterkommission „Out-of-Competition Testing" wurde 1992 innerhalb der Medical Commission eingerichtet, um ein internationales Register nationaler Anti-Doping Agenturen zu erstellen und für die Errichtung von Ausbildungszentren für Dopingkontrolleure. Diese Zentren wurden vom IOC akkreditiert, damit sie weltweit agieren können.[95] Dieses Register kann als erster Schritt in Richtung Netzwerk von NADOs angesehen werden. Der Bedarf an neuen Dopingkontrolleuren ist gestiegen, da das IOC nur mit einer ausreichenden Anzahl gut ausgebildeter Kontrolleure Out-of–Competition Testing durchführen kann.

Um Dopingfälle während der Olympischen Spiele zu vermeiden und damit einen weiteren Imageschaden zu riskieren, müsste man, der Auffassung des Neuseeländers Tay Wilson nach, jeden Athleten drei oder vier Wochen zuvor testen. Dabei sollte das IOC eine dominantere Rolle im Kampf gegen Doping

---

[93] „3rd permanent World Conference on Doping in Sport, 23-26 September 1991, Bergen, Norway". Annex 2, von Annex 7, „Report by the IOC Medical Commission to the 98th IOC Session Albertville, 5-6 February 1992", (Prot. 98, IOC Session, S. 125).
[94] vgl. ebd.
[95] „Report by the Medical Commission to the 99th IOC Session, Barcelona, 21-23 July 1992". Annex 7, (Prot. 99, IOC Session, S. 91).

spielen und seine Kompetenzen in der Bekämpfung auch auf außerolympischen Sport ausweiten.[96] Wilson spielt auf die Verbände an, die keine Olympische Sportart vertreten und damit auch nicht der Obhut der Olympischen Bewegung obliegen. Auch diese Sportarten haben mit Dopingproblemen zu kämpfen. Außerhalb der Olympischen Sportarten hat das IOC keine Handhabe, Anti-Doping Strategien zu verfolgen, weshalb es schwierig war, den Vorschlag umzusetzen.

Auch Prinz Albert von Monaco schätzte unangekündigte Tests innerhalb des Trainings als ein sehr wirksames Element gegen Doping ein[97], ebenso IOC-Mitglied Denis Oswald: „Cooperation between federations on out-of-competition testing was very important"[98].

Ohne die Verbände war Out-of-Competition Testing nicht möglich, denn nur sie waren in der Lage, diese durchzuführen. Unabdingbar ist bei Out-of-Competition Tests, dass sie unerwartet durchgeführt werden. Ansonsten würden sie ad absurdum geführt, da der Körper eines Sportlers innerhalb von ein paar Wochen verbotene Substanzen ausgeschieden haben kann. Um das Überraschungsmoment noch zu steigern, wollte die Medical Commission deshalb weltweit Teams einsetzen, die Out-of-Competition Tests durchführen können. So müsste jeder Athlet damit rechnen, dass er spontan kontrolliert wird.

Um die Kosten zu mindern, sollte es Standardtests geben, die von allen Verbänden verwandt werden. Das IOC wollte sich durch einheitliche Tests auch rechtlich absichern, da jede Variable im System Anti-Doping Verfahren angreifbar macht.[99] Damit auch kleinere Länder Dopingtest durchführen könnten, müsste, so Tay Wilson, vom IOC garantiert werden, das es genügend rentable, aber günstige Anti-Doping Labore gebe.[100]

---

[96] Tay Wilson zum Bericht der Medical Commission von de Mérode, (Prot. 101, IOC Session, S. 15).
[97] Nachfrage Prinz Alberts von Monaco zum Bericht der Medical Commission von de Mérode, ebd., S. 18.
[98] Antwort Oswalds auf die Nachfrage von Prinz Albert von Monaco zum Bericht der Medical Commission von de Mérode, ebd.
[99] de Mérode zum Bericht der Medical Commission, ebd.
[100] Wilson zum Bericht der Medical Commission von de Mérode, (Prot. 106, IOC Session, S. 12).

De Mérode befürwortet Out-of-Competition Testing, das sei seiner Meinung nach die Lösung, um Doping besiegen zu können: „out-of-competition testing was the key to the fight against doping"[101].

Sowohl die IWG als auch die Sub-Commission „Out-of-Competition Testing" stellten 1993 zunächst ihre Arbeit ein, zur Vereinheitlichung der Regeln wurde von IOC und IFs eine Arbeitsgruppe gegründet. Prinz de Mérode fand es unsinnig, wenn mehrere Organisationen dasselbe tun.[102] Wenn das Ziel Harmonisierung von Prozeduren, Regeln und Sanktionen ist, macht es wenig Sinn, dass verschiedene Organisationen getrennt voneinander daran arbeiten. Das Resultat ist dann zwangsläufig vielfältig, aber nicht harmonisierend.

Bei den Olympischen Spielen von Barcelona 1992 wurden 20% mehr Dopingkontrollen durchgeführt, als noch vier Jahre zuvor in Seoul. Es gab fünf positiv getestete Fälle, in Seoul waren es noch zehn gewesen.[103] Die Zahl lässt nicht auf einen Rückgang der gedopten Athleten schließen, sondern nur die Vermutung zu, dass sich die Kontrollen in ihrer Effektivität nicht verbessert hatten. Im Jahre 1993 waren die Strukturen noch nicht geschaffen, um wirklich jeden Athleten testen zu können, weder vor den Spielen, noch innerhalb der Spiele. Es fehlte an akkreditierten Laboren, an geschultem Personal und Geld, die Tests in dem geforderten Maß zu finanzieren. In Moskau 1980 hatte es keinen positiven Dopingfall gegeben. Später hatte der deutsche Dr. Manfred Donike die Dopingproben wiederholt überprüft und kam zu einem schockierendem Ergebnis: Zwanzig Prozent der Proben waren auf Testosteron positiv getestet worden (TEETZEL, 2004, S. 217). Selbst heute werden nicht alle Athleten kurz vor den Olympischen Spielen getestet, obwohl sich die Strukturen stark verbessert haben. Von den 10.490 Athleten der Olympischen Spiele 2012 in London sind noch nicht einmal die Hälfte, sondern lediglich 5000 getestet worden (BEAUMONT, 2012, S. 3). Es kommt nicht auf die quantitative Steigerung der Kontrollen an, sondern auf die Qualität des Kontrollsystems (s. DIGEL, 1997, S. 330).

Man müsse sich innerhalb der Olympischen Bewegung zuerst über gemeinsame Regeln und Sanktionen einigen, argumentiert de Mérode, damit man den

---

[101] de Mérode zum Bericht der Medical Commission, ebd.
[102] Bericht der Medical Commission von de Mérode, (Prot. 101, IOC Session, S. 14f.).
[103] „Report by the IOC Medical Commission to the 101st IOC Session, Monaco, 21-24 September 1993". Annex 8, (Prot. 101, IOC Session, S. 103).

Regierungen geschlossen entgegentreten könne. Nur so könnte man den Regierungen begreiflich machen, dass auch sie die gleichen Regeln und Sanktionen übernehmen sollten. Probleme entstünden häufig aufgrund von fehlendem Kontakt und zu wenig Kommunikation untereinander.[104] Am 13. Januar 1994 fand deshalb ein wichtiges Treffen zwischen dem IOC und Vertretern der NOKs und IFs in Lausanne statt. Hier wurde über die Vereinheitlichung von Anti-Doping Regeln und die Einrichtung des ICAS besprochen,[105] ein weiterer Schritt in Richtung einer einheitlichen Anti-Doping Politik. Hierdurch erhofft sich die Olympische Bewegung, Widersprüche zwischen ihren Regularien und der staatlichen Gesetzgebung zu eliminieren.[106]

Die Entscheidung der Medical Commission, zusammen mit den NOKs und IFs Doping zu verhindern und zu bekämpfen, wurde 1994 von 21 IFs bestätigt, acht andere hatten ihr Einverständnis angedeutet. Allerdings war es nicht für alle IFs möglich, die Einigung zu unterzeichnen, weshalb die Medical Commission eine Gruppe gründete, um Lösungen der Probleme zu suchen.[107]

„The meeting had been a great success, with a common will amongst the IFs to combat doping."[108]

Das Zitat macht de Mérodes Begeisterung über die Bestrebungen der Verbände, Doping zu bekämpfen, deutlich, denn nur durch die Mithilfe der IFs kann er seine eigenen Ziele erreichen. Defizite der Kommunikation zwischen IOC und IFs wurden nach und nach abgebaut, die zwischen der Olympischen Bewegung und den Behörden aber weiterhin bestanden. Als Lösung schlug Tay Wilson der Medical Commission vor, dass jede Einigung zwischen dem IOC und den IFs unmittelbar an diese unabhängigen Behörden weitergeleitet wird, damit Lücken in der Kommunikation geschlossen würden. Ohne gute Kommunikation könnten die Regierungen das Interesse am Dopingthema verlieren.[109] Ein Verlust von

---

[104] Antwort de Mérodes auf die Nachfrage von Prinz Albert zum Bericht der Medical Commission von de Mérode, ebd.
[105] „Report of the Sports Director to the IOC Session, Lillehammer, February 1994". Annex 14, (Prot. 102, IOC Session, S. 86).
[106] „Report by the IOC Medical Commission to the 103rd IOC Session, Paris 4-5 September 1994". Annex 5, Punkt IX, „IOC/IF Agreement on ‚Preventing and fighting against doping in sport' of 13th January 1994", (Prot. 103, IOC Session, S. 56).
[107] de Mérode zu seinem Bericht der Medical Commission, (Prot. 102, IOC Session, S. 17).
[108] de Mérode, ebd.
[109] Wilson zum Bericht der Medical Commission von de Mérode, ebd.

finanziellen Subventionen zur Dopingbekämpfung durfte nicht riskiert werden, weshalb dem IOC daran gelegen war, den Behörden kontinuierlich Fortschritte zu präsentieren.

Der Präsident der IAAF Primo Nebiolo denkt, dass bei dem Treffen mit den IFs ein großer Schritt gemacht wurde, Doping zu bekämpfen: „Unifying measures and sanctions was vital."[110] Bereits lange zuvor wurde die Vereinheitlichung von Verfahren und Sanktionen geplant, seit dem Ben-Johnson-Skandal 1988 konsequenter daran gearbeitet. VOY (1991, S. 104) hingegen, hält Nebiolo für einen der größten Gegner von harmonisierten Strafen.

Die 1. Welt Anti-Doping Konferenz in Ottawa und die nachfolgenden Sitzungen in Moskau und Bergen haben das IOC, die NOKs, die IFs und die Regierungen zusammengeführt. Diese Konferenzen waren eindeutig Harmonisierungsbestrebungen und Ende 1998 ist für MÉRODE (1998, S. 7) das Ziel beinahe erreicht.

4.3.4 Der „Medical Code" des IOC

In Zusammenarbeit mit der Juridical Commission hat die Medical Commission binnen eines Jahres einen Medical Code erarbeitet, der die Rechte und Pflichten der Athleten berücksichtigte. Prinz de Mérode sieht den Medical Code als wichtige Ergänzung der Olympischen Charta an.[111] Dieser Code sollte sowohl die Sanktionen, die Kontrollen und die allgemeinen Dopingregeln für alle Sportorganisationen definieren. Das IOC erhoffte sich davon die Harmonisierung der Anti-Doping Bewegung, was die Bekämpfung des Problems effektiver machen würde. Der Code war, gewiss auch durch die kurze Entwicklungszeit, nicht ganz perfekt und offenbarte neue Schwierigkeiten: So hatte die Medical Commission bei der Erstellung des Medical Codes zunächst rechtliche Probleme, da es nicht so einfach war, einen Dopingbann in die Olympische Charta einzubinden. Außerdem erwies sich die Harmonisierung der Anti-Doping Politik

---

[110] Nebiolo zum Bericht der Medical Commission von de Mérode, ebd.
[111] vgl. de Mérode in seinem Bericht der Medical Commission, (Prot. 103, IOC Session, S. 16).

zwischen IOC und dem Rest der Olympischen Bewegung, vor allem mit den IFs, als kompliziert.[112]

Neben den Problemen war der Code ein neuartiges Konstrukt, das die Anti-Doping Bewegung vorerst voranbrachte. Der neu entwickelte Code hatte den Vorteil, dass er in relativ präziser Rechtssprache formuliert war und vor allem nicht perfekt ausgearbeitet, weshalb man ihn permanent überarbeiten musste. Richter Mbaye ist sehr von der Nützlichkeit des Codes überzeugt:

> „[The Medical Code] would allow the members of the medical commission, athletes, coaches and leaders to see in a few pages everything that applied to doping today."[113]

Es wurde zwar versucht, Doping zu definieren, aber letztendlich war man nicht in der Lage, es präzise und stringent genug zu tun.[114] Aus diesem Grund wurde der Code unterteilt in den Part des Gebrauchs von verbotenen Produkten und Ausübung von verbotenen Methoden, den des Betrugs und der Gesundheitsrisiken, sowie in den Verstoß gegen ethische Werte.[115] Durch diese Dreiteilung wurden die drei verschiedenen Bereiche abgedeckt, die Doping umfasst: Medizin, Jura und Ethik. Der erste Punkt des Codes beschäftigt sich mit dem Regelwerk, das definiert, was ein Athlet zu sich nehmen, wie er trainieren darf und was verboten ist. Somit ist ein Regelverstoß ein juristisches Problem. Was ein Athlet aus medizinischen Gründen zu sich nehmen darf, bzw. muss, ist hingegen von Medizinern zu klären. Punkt zwei, der Betrugsfall, ist bei den Juristen anzusiedeln, wobei sich die Gesundheitsrisiken wiederum auf den medizinischen Aspekt des Dopings beziehen. Der Verstoß gegen ethische Werte muss von Philosophen und Medizinethikern bewertet werden.

Innerhalb der knappen Zeit von zwei Jahren wollte Präsident Samaranch den Code vor den Olympischen Spielen von Atlanta '96 eingeführt haben und bat deshalb die IOC Session um die Ratifizierung des Codes, die sogleich erfolgte. Samaranch hatte zwar juristische Bedenken im Hinblick auf die kurze Einführungszeit des Codes, wollte aber, da man nun endlich einen Code besaß, der die Olympische Familie im Anti-Doping Kampf zu einer einzigen Bewegung

---

[112] „Report by the Chairman of the Juridical Commission to the 101st IOC Session". Annex 6, (Prot. 101, IOC Session, S. 94).
[113] Mbaye in seinem Bericht der Juridical Commission, (Prot. 103, IOC Session, S. 15).
[114] ebd.
[115] Bericht der Juridical Commission von Mbaye, (Prot. 103, IOC Session, S. 15).

formen sollte, dass dieser so schnell wie möglich von allen Beteiligten implementiert werde.[116] Von der Athletes' Commission wurde der neue Medical Code hocherfreut angenommen und ihm die volle Unterstützung zugesagt.[117]

„[...] with leadership came tremendous responsibility [...]"[118]

Laut Tay Wilson sei das IOC durch das Erstellen des Medical Codes führend im Kampf gegen Doping und müsse deshalb andere beraten. Das IOC ist sich seiner führenden Position in der Anti-Doping Bewegung durchaus bewusst und versucht, wie man am Zitat von Wilson erkennen kann, verantwortungsvoll mit dieser Stellung umzugehen. Durch die Vorbildfunktion des IOC, die zur Folge hatte, dass seitens der Sportorganisationen auf neue Impulse des IOC gewartet wurde, musste sich das IOC weiter steigern. Deshalb müsse das IOC laut Wilson die Liste der verbotenen Substanzen permanent auf dem neuesten Stand halten, damit sich andere Organisationen daran halten könnten. So könne, nach Wilson, verhindert werden, dass ein Athlet seinen Dopingmissbrauch mit dem freien Erwerb der Substanz in der Apotheke rechtfertigen wolle.[119] Hier sollten auch die Behörden mit einbezogen werden, damit diese vom IOC verbotenen Substanzen in ihrem Land nicht frei verkäuflich sind. Ansonsten würden die Regierungen den Medical Code untergraben und unnütz machen.

Die IFs sollten nun ihre Dopingregeln mit denen des Medical Codes harmonisieren, was die meisten in ihren Testverfahren umsetzten. Unterschiede bei den Sanktionen von IOC und IFs blieben jedoch bestehen.[120] Damit lag es nun an der IFs, den Medical Code zu akzeptieren und in ihr Regelwerk einzufügen. Nach der Verabschiedung des Medical Codes im Juni 1995 hat er die „International Olympic Charter against Doping in Sport" abgelöst. Es war ein kleiner Schritt von der Olympischen Charta gegen Doping hin zu dem Medical Code des IOC. Erstellt wurde der Code, um die Fehler der Charta zu korrigieren und um endlich wirklich die Sanktionen, Kontrollen und Regeln des Anti-Dopings zu harmonisieren.

---

[116] Präsident Samaranch zum Bericht der Juridical Commission von Mbaye, (Prot. 103, IOC Session, S. 15).
[117] Bericht der Athletes' Commission von Tallberg, (Prot. 103, IOC Session, S. 14).
[118] Wilson zum Bericht der Medical Commission von de Mérode, (Prot. 103, IOC Session, S. 17f.).
[119] ebd.
[120] Hodler zum Bericht der Juridical Commission von Mbaye, (Prot. 107, IOC Session, S. 6f.).

4.3.5 Probleme bei der Übernahme des Medical Codes

Der Anfang zur Harmonisierung durch das Entwickeln des Medical Codes war gemacht. Um den Code innerhalb von zwei Jahren durchsetzen zu können, mussten noch viele Veränderungen durchgeführt und Feinheiten geklärt werden. Im Bezug auf Vereinheitlichung der Strafen gab de Mérode den Hinweis, das Strafmaß angemessen zu wählen, damit es abschreckend wirkt, aber Probleme mit staatlichen Gerichten vermieden werden: „Sanctions were only useful if they were enforced and not overruled by the courts".[121]

Deshalb beschloss die Medical Commission zusammen mit der Juridical Commission flexible Sanktionen einzusetzen, die den Richtern genügend Handlungsspielraum ließen. Hierbei wäre es wichtig, daran zu denken, so de Mérode, dass der Sport die Profession der Athleten ist und infolgedessen eine lebenslange Sperre eine sehr harte Strafe wäre, verglichen mit Strafen, die in anderen Berufsbereichen verhängt werden. Nach Rücksprache mit den IFs erscheine eine zweijährige Sperre angebracht mit beschränkter Teilnahme an Wettkämpfen, durch die der Athlet Geld und Ansehen verliert.[122] Die Einigung auf eine zweijährige Sperre wurde auch nach Gründung der WADA beibehalten und dient auch heute noch als Richtlinie.

Die Einigung der Olympischen Bewegung von 1994 über den Medical Code sollte die Harmonisierung der Anti-Doping Sanktionen bewirken.[123] Viele IFs und NOKs hatten den Medical Code übernommen, aber einige IFs sperrten sich gegen den Medical Code, forderten bessere Anpassung an ihre individuellen Bedürfnisse, oder fanden ihn zu mangelhaft, weshalb die IFs auf einen verbesserten Code warten wollten. Das Problem, dass der Medical Code nicht von allen IFs und NOKs angenommen wurde, liegt in der sprachlichen Formulierung bei der Übernahme des Codes. So steht im Kapitel 1, Artikel V, Paragraph 2:

> „In accordance with the agreement signed on 13th January 1994 in Lausanne between the IOC and other constituents of the Olympic Movement, related to preventing and fighting against doping in sport, the International Federations and National Olympic Committees recognized by the IOC at the date of adoption of the

---

[121] de Mérode zu seinem Bericht der Medical Commission, (Prot. 105, IOC Session, S. 20).
[122] ebd.
[123] „Report by the Chairman of the Juridical Commission, H.E. Judge Kéba Mbaye, 106th Session, Lausanne, September 1997". Annex 8, (Prot. 106, IOC Session, S. 108f.); „Report by the Chairman of the Sports and Law Commission, H.E. Judge Kéba Mbaye, 106th Session, Lausanne, September 1997". Annex 23, (Prot. 106, IOC Session, S. 140f.).

IOC Medical Code shall indicate to the IOC the dates by which the necessary changes shall be adopted."[124]

Das Datum der Übernahme war den NOKs und IFs vom IOC mit der Formulierung „shall be adopted" freigestellt. Sie sollten das IOC nur darüber informieren, wann sie gedenken, den Medical Code in ihre Statuten aufzunehmen. Um den Plan des Präsidenten Samaranch umsetzen und den Code innerhalb von zwei Jahren übernehmen zu müssen, hätte die Formulierung verbindlicher und fordernder sein müssen. Nachdem sich das Problem offenbarte, beschränkte man sich beim IOC lediglich auf einen Rundbrief, um nach dem voraussichtlichen Datum der Übernahme des Medical Codes zu fragen.[125] Ein herber Rückschritt zur Förderung der Harmonisierungen.

Die Juridical Commission hatte die Strafen im Medical Code harmonisiert, aber zugleich darauf geachtet, dass sie rechtskonform waren, damit sie von den Gerichten der Länder nicht bemängelt werden konnten. Ergänzend wurde das ICAS gegründet, um die Rechtsprechung innerhalb des Sports zu stärken. Die Staaten sollten daran gehindert werden, sich in Probleme des Sports einzumischen.[126]

Da seit 1994 die Harmonisierung der Dopingsanktionen, wegen der fehlenden Anerkennung des Medical Codes aller Sportorganisationen, nur schleppend voran ging, plante der Vorstand des IOC ein gemeinsames Treffen mit den Mitgliedern der Olympischen Bewegung für 1998. Obwohl der Medical Code des IOC für alle Mitglieder der Olympischen Bewegung vorgesehen war, wurde er dem Anspruch de facto nicht gerecht. Aus diesem Grund sollte auf dem Treffen 1998 anders vorgegangen werden als bei der Entwicklung des Medical Codes des IOC. War es 1994 das IOC gewesen, das einen Code entwickelt hat, den alle anderen Mitglieder der Olympischen Familie übernehmen sollten, sollte 1998 ein Medical Code in Zusammenarbeit mit NOKs und IFs erstellt werden.

Richter Mbaye formulierte das Ziel der Tagung so: „[...] to establish the principles of a single medical code not of the IOC, but of the whole Olympic family."[127]

---

[124] „Report by the Chairman of the Juridical Commission, H.E. Judge Kéba Mbaye, 105th IOC Session, Atlanta, July 1996". Annex 8, (Prot. 105, IOC Session, S. 130).
[125] ebd.
[126] ebd.
[127] Mbaye zu seinem Bericht der Juridical Commission, (Prot. 106, IOC Session, S. 8).

Auf diesem Treffen sollte der bereits eingeführte Medical Code so angepasst werden, dass er von allen Mitgliedern der Olympischen Bewegung akzeptiert und übernommen werden könnte. Prof. Ljungqvist unterstützte Richter Mbaye in der Einrichtung eines gemeinsamen Medical Codes und nannte den Hauptgrund für die fehlende Übernahme des alten Codes durch einige IFs. Innerhalb des Codes befand sich eine Geschlechtsüberprüfung, deren Prozedur Ljungqvist verurteilte:

„[…] the present testing procedures were not acceptable for medical and ethical reasons."[128]

Er war auch überrascht darüber, dass es IFs gab, die den Code einführten, obwohl sie gar keine Geschlechtsüberprüfung durchführten. Trotzdem hätten diese IFs diesbezüglich keinerlei Rückfragen gestellt.[129] Eine Verbesserung des Codes wäre die Herausnahme der Geschlechtsüberprüfung:

„it would be possible to have everyone within the Olympic Movement sign the Medical Code and have the Code concentrate on the fight against doping."[130]

Der IOC Medical Code sollte sich ganz auf Doping beschränken, obwohl ein Mann, der an Frauenwettkämpfen teilnimmt, auch einen Betrug begeht, der nicht mit ethischen Werten vereinbar ist.

Stringenz sei der Auffassung Dr. Mendozas nach sehr wichtig, denn wenn erst der Medical Code von den IFs übernommen werden würde, sei die Übernahme des Olympischen Codes reine Formsache.[131]

Eine Ablehnung des Medical Codes hat noch andere Gründe, als Geschlechtsüberprüfungen, oder nachlässige Übernahmeforderungen. Fest steht, dass sich Mitte der 90er Jahre die einen Verbände mehr, die anderen weniger oder gar nicht am Kampf gegen Doping beteiligten. Der Präsident des italienischen NOK, Mario Pescante, beanstandete deshalb das Verhalten der in den Medien stark vertretenen Sportarten wie Tennis oder Motorsport. Öffentlicher Kritik

---

[128] Prof. Ljungqvist zum Bericht der Juridical Commission, (Prot. 106, IOC Session, S. 9).
[129] ebd.
[130] Prof. Ljungqvist zu Hodlers Bemerkung zum Bericht der Juridical Commission von Mbaye, (Prot. 107, IOC Session, S. 7f.).
[131] Dr. Mendoza zu Hodlers Bemerkung zum Bericht der Juridical Commission von Mbaye, (Prot. 107, IOC Session, S. 11).

müssten sie sich nicht aussetzen, da sie gar keine Dopingkontrollen vornähmen, folglich auch keine Dopingsünder sanktionieren müssten.[132]

„[It felt] unfair that those taking anti-doping measures were the ones who got the bad publicity."[133]

Prof. Ljungqvist bemängelt hier das Verhalten der IFs und kritisiert weiter, dass die meisten Verbände nicht genug gegen Doping unternähmen, im Vergleich zu anderen Verbänden. Der Leichtathletikverband IAAF z.B. würde 25% aller Dopingtests der Olympischen Sportarten durchführen. Deshalb forderte Ljungqvist: „More had to be done within the Olympic Movement"[134].

So sollte zum Beispiel auch mehr für die Finanzierung der Medizinforschung getan werden, die keine Priorität hatte, jedoch, laut Ljungqvist, haben sollte. Eine gesicherte Finanzierung seitens des IOC würde den Laboren mehr Sicherheit geben, weshalb Ljungqvist beim Vorstand die dauerhafte Finanzierung der Medizinforschung beantragte. [135] Diese würde auch gute und renommierte Wissenschaftler anziehen, die immer dorthin gingen, wo es auch genug Forschungsgelder gebe.[136]

Um im Kampf gegen Doping wirklich erfolgreich zu sein, müsse die Olympische Bewegung eine Einheit bilden und das IOC alles Mögliche dafür tun, bemerkt de Mérode. Die Olympische Charta sei das verbindende Element. Damit die Regierungen die Anti-Doping Politik übernehmen könnten, sollen alle Informationen auch an sie verteilt werden. [137] Eine Verbesserung des Informationsflusses zwischen Olympischer Bewegung und den Regierungen sollte zur weiteren Harmonisierung mit den staatlichen Institutionen führen.

---

[132] Kommentar von Pescante zum Bericht der Medical Commission von de Mérode, (Prot. 107, IOC Session, S. 10).
[133] Prof. Ljungqvist zum Kommentar Pescantes zum Bericht der Medical Commission von de Mérode, (Prot. 107, IOC Session, S. 11).
[134] Prof. Ljungqvist zum Bericht der Medical Commission von de Mérode, (Prot. 106, IOC Session, S. 13).
[135] ebd.
[136] Prof. Ljungqvist zum Bericht der Medical Commission von de Mérode, (Prot. 107, IOC Session, S. 11).
[137] de Mérode als Antwort zu Pescantes Kommentar zum Bericht der Medical Commission von de Mérode, (Prot. 107, IOC Session, S. 11).

4.4 Zwischenfazit: Welche Rolle spielten die Harmonisierungsbestrebungen des IOC bis zum Tour de France Skandal 1998 im Kampf gegen Doping?

Anfang der 1960er Jahre wurden nach Todesfällen gedopter Sportler erste Versuche gemacht, Doping zu ergründen und einzudämmen. Sowohl die Behörden, als auch das IOC betraten Neuland. Über die Jahre stieg vor allem das Interesse des IOC, Doping zu bekämpfen. Seit Anfang der 1980er Jahre gab es vor allem Bestrebungen, die Sanktionen, Regeln und Kontrollen innerhalb der Sportwelt und auch zwischen Sport und den Behörden zu harmonisieren. Der Grund dafür war, das Ansehen des Sports und der Sportler in der Gesellschaft zu schützen. Rivalitäten zwischen Ostblock-Staaten und dem Westen oder der Boykott der mitwirkenden Länder bei und von Sportwettbewerben, wurde in den 80er Jahren von den meisten IOC-Mitgliedern als eine größere Gefährdung der Olympischen Spiele als Doping eingestuft. Einzig Carlgren nahm die Dopinggefahr Anfang der 80er Jahre anders wahr und äußerte dies auch während einer IOC-Session.

Obwohl das Dopingproblem zweitrangig war (vgl. auch HUNT, 2011, S. 8), schuf das IOC bereits in den frühen 80er Jahren die Grundlage dafür, dass Ende der 80er Jahre die Sportorganisationen in den Dialog über Dopingbestimmungen treten konnten. Nur so war es möglich, dass nach dem Ben-Johnson-Skandal gehandelt werden konnte und das IOC nicht gänzlich hilflos der Dopingentwicklung gegenüber stand. Letztlich aber reichten die Bemühungen nur aus, um von der Weltöffentlichkeit nicht als völlig unfähig wahrgenommen zu werden. Das IOC konnte nach Seoul 1988 ein Anti-Doping Programm vorzeigen und die Versuche, es mit anderen in Einklang zu bringen, noch weiter forcieren. Viele Vorschläge der IOC-Mitglieder wurden oft nur bedingt vom IOC beachtet oder nicht konsequent fertiggestellt. Zudem war das IOC immer sehr bemüht ein rosiges Bild der eigenen Bemühungen zu vermitteln (MACALOON, 2001, S. 213). Harmonisierungsbestrebungen des IOC waren schon vor Seoul 1988 vorhanden und auch ohne den Ben-Johnson-Skandal wäre das IOC mit seiner Anti-Doping Politik Ende der 80er Jahre auf einem ähnlichen Niveau angelangt. Die tragische Rolle Ben Johnsons diente lediglich als Katalysator, um die Anti-Doping Politik weiter zu harmonisieren. Der Welt wurde durch den Star Ben Johnson gezeigt, dass Doping allgegenwärtig ist und etwas dagegen getan werden muss.

Versuchte das IOC Dopingfälle zu vertuschen, um den Spitzensport und die damit verbundenen wirtschaftlichen Interessen zu schützen? Prinz de Mérode äußert sich in 1993 in Monte Carlo dazu, dass das IOC Dopingfälle während der Olympischen Spiele aufdecken müsse, um nicht unglaubwürdig zu wirken. Komplett saubere Spiele würden noch stärkere Kritik hervorrufen und das IOC der Intrigen und Vertuschung bezichtigt werden. Fünf Dopingfälle in Barcelona hätten der Welt aber bewiesen, dass es das IOC mit der Aufdeckung ernst meint.[138] Ist nicht aber gerade diese Äußerung de Mérodes ein Zeichen für Sündenböcke, die nur präsentiert werden, um weiterhin glaubwürdig zu wirken? Fünf überführte Dopingopfer sind nicht viele, nachdem man rückblickend weiß, wie viele Sportler in dieser Zeit gedopt gewesen sein mussten. Es erscheint naiv, wenn das IOC glaubt, mit der Aufdeckung von fünf Dopingfällen Kritiker mundtot machen zu können. BETTE & SCHIMANK (2006a, S. 287) vermuten, dass es sich bei allen Aufdeckungen nur um die Spitze des Eisbergs handelt.

Obwohl sich das IOC zumindest bemüht hatte, kann man dennoch die Entwicklung und Harmonisierung als unzureichend einstufen, um die Dopinggefahr ernsthaft bekämpfen zu können. Das IOC hatte es von 1980 bis 1998 nicht geschafft, alle IFs im Kampf gegen Doping auf seine Seite zu bringen, geschweige denn zur Anerkennung und Übernahme des Medical Codes ab 1995. Hier ist nicht nur die fehlende Konsequenz zu kritisieren, sondern vor allem die machtpolitischen Attitüden einzelner Organisationen, die eine Mitschuld am Scheitern der Harmonisierungsbestrebungen haben. Die Verbände wollten Kompetenzen in Dopingfragen behalten und nicht an die höhergestellte Organisation innerhalb der Olympischen Bewegung, das IOC, abgeben. Verbände, wie die FIFA, die nicht auf finanzielle Mittel des IOC angewiesen sind, wie z.B. die IAAF, haben sich bewusst der Anti-Doping Politik des IOC widersetzt. Formel-1 oder Tennis lassen sich ebenso wenig vom IOC unter Druck setzen, wie der Fußball. Im Fußball sind nicht die Olympischen Spiele relevant, sondern die Meisterschaften der FIFA (Weltmeisterschaften) oder die der

---

[138] de Mérode zu Wilsons Äußerung zum Bericht der Medical Commission, (Prot. 101, IOC Session, S. 16).

untergegliederten Verbände wie UEFA (Europameisterschaft, Champions League, Europa League). Selbst die nationalen Meisterschaften haben einen höheren Stellenwert. Das zeigt, dass das IOC selbst nur dort Macht ausüben kann und auf wenig Widerstand stößt, wo eine Teilnahme an den Olympischen Spielen das wichtigste Ereignis einer Sportart darstellt. Der internationale Verband der Leichtathleten (IAAF) führt hingegen seit 1992 Out-of-Competition Tests bei den Erstplatzierten der Ranglisten durch, was DONIKE & RAUTH (1996, S. 25), aufgrund der veröffentlichten Ergebnisse, als Erfolg bewerten.

Das IOC-Mitglied Carraro sah als Hauptproblem, dass die IFs andere Regeln als das IOC besitzen. Obwohl beide Seiten engen Kontakt pflegten, waren geringe Regelunterschiede wegen der ständigen Weiterentwicklung des Dopings unvermeidbar.[139] Carraro machte deutlich, dass keine Harmonisierung der Regeln möglich war solange es kein Regelwerk über dem IOC und den IFs gibt. Das Problem war nicht mangelnder Kontakt zwischen IOC und IFs, sondern das sture Festhalten am eigenen Regelwerk. Wird ein Athlet während der Spiele überführt, gelten die Regeln des IOC, so Dr. Ljungqvist, ansonsten die der IFs. Deshalb wäre es besonders wichtig, dass in allen Verbänden die gleichen Regeln gelten. Solange es Unterschiede gab, waren alle Bestrebungen des IOC zwar löblich, aber uneffektiv. Von öffentlicher Seite wurde das IOC immer stärker kritisiert, nicht genügend für die Anti-Doping Politik zu leisten. Für Ljungqvist war es nicht das IOC, das mehr im Kampf gegen Doping tätig werden musste; einzig und allein die Verbände würden nicht genug Initiativen ergreifen.[140]

> „This was where harmonization was important again. [...] The Medical Commission should be finding ways to get the IFs to perform a minimum of anti-doping activities, such as introducing more out-of-competition testing. If they did not, they could be threatened with exclusion from the Olympic programme."[141]

Diese Androhung von Ljungqvist wurde später von Jacques Rogge verwandt. Auch er hatte 2003 die Partizipation an Olympischen Spielen als Druckmittel eingesetzt, um die Harmonisierung zu erzwingen.[142] Wirklich funktioniert hat das Druckmittel von Ljungqvist allerdings nicht.

---

[139] Carraro zum Bericht der Medical Commission von de Mérode, (Prot. 105, IOC Session, S. 20).
[140] Dr. Ljungqvist als Antwort auf die Frage von Heiberg zum Bericht der Medical Commission von de Mérode, (Prot. 105, IOC Session, S. 21).
[141] ebd.
[142] siehe (WADA, 2003c, S. 9); detailliertere Darstellung der Drohung, siehe Kapitel 4.6.2

Eine einheitliche Regelung des Doping war unverzichtbar geworden, da sich der Sport über die Jahre verändert hatte. Für Athleten war es durch gesteigerte Mobilität ein Leichtes geworden, global an jedem Wettkampf teilzunehmen. Man reiste von Wettkampf zu Wettkampf, blieb nicht innerhalb eines Landes, bis man zu internationalen Meisterschaften fuhr. Durch die Einrichtung der Olympischen Anti-Doping Charta oder den Medical Code wird deutlich, dass das IOC versucht hat, seine Politik an die neuen Herausforderungen anzupassen. Zwar mehr oder minder erfolgreich, aber es fand zumindest ein Prozess statt. Auch die Verbesserung der Kommunikation zwischen IOC und Behörden stellt einen Fortschritt dar und ist auf die Harmonisierungsbestrebungen des IOC zurückzuführen. Auf der anderen Seite stellt sich das IOC, zwischen 1988 und 1998, als der Anführer einer Anti-Doping Bewegung dar, die auch Bereiche umfasst, die das IOC gar nicht kontrollieren kann (vgl. WAGNER, 2009, S 149). Das konnte nur so lange gut gehen, bis es erneut zu einem Skandal kam.

4.5 Eine supranationale Anti-Doping Agentur entsteht

4.5.1 Exkurs: Der Skandal der Tour de France

Auf der Tour de France 1998 kam es zu einem nie dagewesenen Doping-Skandal, bei dem 45% aller Fahrer des Dopingmissbrauchs überführt wurden (TEETZEL, 2004, S. 217). Dopingmissbrauch war fest im Spitzenradsport verankert und wurde systematisch durchgeführt (HANSTAD, 2009, S. 179). HOULIHAN (2002, S. 169) nennt vier Gründe, weshalb der Skandal so bemerkenswert war:

- Die große Zahl der Dopingsünder
- Der hohe Stellenwert der Tour de France als eines der sechs wichtigsten Sportereignisse der Welt.
- Die Rolle des Radsportverbands UCI, der sich selbst stark gegen Doping eingesetzt hatte und nur in der eigenen Sportart gänzlich versagt zu haben schien.
- Die Rolle der französischen Regierung, die in voller Härte durchgriff. Sie machte die Dopingvorfälle zur Staatsangelegenheit und entmachtete den UCI, der sich intern mit den Fällen beschäftigen wollte.

Da der UCI den Medical Code unterzeichnet hatte, hätte man laut TEETZEL (2004, S. 217) eine bessere Überwachung dieser Verbände von der IOC Medical

Commission erwarten können. Die weite Verbreitung des Dopings im Radsport wurde von der Medical Commission einfach ignoriert.

4.5.2 Die 1. Welt Anti-Doping Konferenz in Lausanne

Aufgrund der Geschehnisse bei der Tour de France entstand im August 1998 großes Medieninteresse[143] am Thema Doping im Sport. Ursprünglich hatte das IOC vor, eine Olympic Movement Anti-Doping Agency (OMADA) zu gründen, um damit weltweit den Kampf gegen Doping im Sport besser koordinieren zu können. Sie sollte das ganze Jahr über Out-of-Competition Tests durchführen und sich durch Fernsehübertragungsrechte finanzieren (TEETZEL, 2004, S. 218). Aber es kam ganz anders, dem IOC wurden von den Behörden die Zügel aus der Hand genommen. Das große Manko an einer OMADA wäre die Abhängigkeit vom IOC gewesen, deshalb wäre sie, laut dem US-Regierungsdirektor Barry McCaffrey, wertlos (ebd.). Am 4. Februar 1999 führte das IOC die 1. Welt Anti-Doping Konferenz in Lausanne durch.[144] Repräsentanten von Regierungen, von INGOs, NGOs, IOC, NOKs, IFs und Athleten nahmen daran teil, aber auch beinahe ebenso viele Journalisten wie Delegierte (FERSTLE, 2001, S. 279).

Unmittelbar vor der Konferenz traf sich die Athletes's Commission zu einer Sondersitzung, auf der es vorrangig um Dopingprobleme ging. Das Vorhaben des IOC, eine Anti-Doping Agentur zu gründen fand seitens der Kommission große Unterstützung. Unabdingbar zum Erfolg der Agentur war der neue Medical Code, der dafür von allen IFs angenommen werden musste. Einverstanden war die Kommission mit den vorgeschlagenen Strafen, solange standardisierte Testverfahren und harmonisierte Sanktionen bestünden.[145] Ziel der Sitzung war es die Basis zur Gründung einer unabhängigen und transparenten Welt Anti-Doping Agentur zu schaffen (TEETZEL, 2004, S. 213).

In der Abschlusserklärung der 1. Welt Anti-Doping Konferenz werden sechs wichtige Merkmale geklärt, die von nun an für alle gelten sollen.

---

[143] Der Generaldirektor erwähnt in keinem Wort den Dopingskandal der Tour de France von 1998, auch wird in der gesamten IOC Session kein einziges Mal der Skandal angesprochen.
[144] Bericht des IOC-Generaldirektors, (Prot. 109, IOC Session, S. 5).
[145] „Report by the Chairman of the IOC Athletes' Commission, 109th IOC Session, Seoul June 1999". Annex 6, (Prot. 109, IOC Session, S. 76).

Zunächst wird im Punkt 1 „Education, prevention and athletes' rights" auf Präventions- und Aufklärungsprogramme eingegangen, damit Jugendliche und Athleten und ihr Umfeld dem Doping entsagen. Außerdem soll der Olympischen Eid auf Trainer und andere Funktionäre ausgedehnt werden, um auch sie an ethische Werte wie Aufrichtigkeit und Fair-play zu binden. Der Kampf gegen Doping soll vollends transparent verlaufen, außer wenn die Grundrechte der Athleten verletzt werden könnten.

Der zweite Punkt beschäftigt sich mit dem „Olympic Movement Anti-Doping Code" (OMAC). Der neue Name zeigt, dass es nicht mehr der Medical Code des IOC ist, sondern er auch für die NOKs und vor allem für die IFs gilt. Er wird von allen anerkannt und richtet sich an alle, die mit organisiertem Sport zu tun haben.[146] Da man sich nach der Konferenz von Lausanne 1993 darauf geeinigt hatte einen Medical Code zu finden, der die Dopingregeln und –sanktionen harmonisieren sollte, dieses Ziel aber nie erreicht wurde, entschloss man sich, einen Olympic Movement Medical Code zu schaffen.[147]

Harmonisierte Sanktionen sperren den Athleten beim ersten Verstoß gegen den Anti-Doping Code der Olympischen Bewegung für zwei Jahre; unter besonderen Umständen sind aber noch härtere Strafen möglich. Trainer und Funktionäre sollen strenger bestraft werden.

Für die Olympischen Spiele 2000 in Sydney soll eine Internationale Anti-Doping Agentur gegründet werden, die alle Anti-Doping Programme mit Hilfe aller Beteiligten steuern und überwachen soll. Out-of-Competition Testing soll ebenso ausgedehnt werden wie die Harmonisierung der Verfahren und des Equipments.

Die Rolle der Olympischen Bewegung soll so aussehen, dass sie weiterhin für die Dopingregeln verantwortlich ist, jedoch nur in Kooperation mit der gegründeten Anti-Doping Agentur. Bei Wettkämpfen der IFs, der NOKs oder der Olympischen Spiele des IOC, bleiben diese die hauptverantwortlichen Entscheidungsträger. Wenn die genannten Institutionen ihre Möglichkeiten ausgeschöpft haben, ist der CAS in letzter Instanz verantwortlich.

---

[146] siehe „Lausanne Declaration" im Anhang; „Lausanne Declaration on Doping in Sport, Adopted by the World Conference on Doping in Sport, 4 February 1999, Lausanne, Switzerland". Annex 2, (Prot. 108, IOC Session, S. 77f.).
[147] Richter Mbaye zu seinem Bericht der Juridical Commission, (Prot. 109, IOC Session, S. 8).

Im letzten Punkt ist die Zusammenarbeit der Olympischen Bewegung und den Behörden festgelegt.[148]

> „[It] shall be reinforced according to the responsibilities of each party. Together, they will also take action in the areas of education, scientific research, social and health measures to protect athletes, and coordination of legislation relative to doping."[149]

Die Behörden haben hier ganz klar deutlich gemacht, dass die Olympische Bewegung unter Vorherrschaft des IOC nicht mehr alleine gegen Doping kämpft, aber auch nicht mehr die alleinige Entscheidungsgewalt hat. Durch die Internationale Anti-Doping Agentur, die im November 1999 als World Anti-Doping Agency[150] gegründet wurde, haben sich die Regierungsbehörden mit in die Anti-Doping Politik des IOC eingeschaltet.

Die Organisationsstruktur der Anti-Doping Agentur sollte aus zwei Einheiten bestehen, einem Rat und einer operierenden Einheit.

Im Rat waren acht Vertreter der Olympischen Bewegung als Teilnehmer des Sportbereichs vorgesehen, jeweils zwei Vertreter von IOC, NOKs, IFs und der Athleten. Seitens der Regierungen, INGOs und NGOs sollte jeweils einer UNDCP, Interpol und dem Europarat angehören, einer den Internationalen Gerichtshof in Den Haag vertreten, sowie drei Experten aus Medizin, Wissenschaft und Bildung teilnehmen, die eine beratende Funktion innehaben sollten.

Die operierende Einheit sollte aus zwei Mitgliedern der akkreditierten Labore, der Medical Commission und zwei Wissenschaftsexperten, sowie jeweils einem Vertreter von UNDCP, Interpol, ASOIF, AIWF, ANOC, CAS und einem Bildungsexperten bestehen.[151]

Vorgeschlagen wurde, den Rat ein- bis zweimal jährlich tagen zulassen und der Hauptverwaltungssitz sollte in Lausanne sein, der Olympischen Hauptstadt.

---

[148] siehe „Lausanne Declaration" im Anhang; „Lausanne Declaration on Doping in Sport, Adopted by the World Conference on Doping in Sport, 4 February 1999, Lausanne, Switzerland". Annex 2, (Prot. 108, IOC Session, S. 77f.).
[149] siehe „Lausanne Declaration" im Anhang; „Lausanne Declaration on Doping in Sport, Adopted by the World Conference on Doping in Sport, 4 February 1999, Lausanne, Switzerland". Annex 2, (Prot. 108, IOC Session, S. 78).
[150] siehe hierzu Kapitel 5.1 dieser Arbeit.
[151] „Presentation by the Prince de Mérode on the follow-up to the World Conference on Doping in Sport". Annex 14, (Prot. 108, IOC Session, S. 75).

Vorsitzender der Internationalen Anti-Doping Agentur müsse der Präsident des IOC werden, da auch die Kontrolle der Agentur der Olympischen Bewegung unterstellt bleibe, so ein Antragsteller.[152]

Da der ICAS seit fünf Jahren effizient und unabhängig arbeitet, böte er sich, so Richter Mbaye, als Modell für die WADA an.[153] Professor Ljungqvist war unzufrieden damit, dass viel über das Einrichten einer Anti-Doping Agentur gesprochen wurde, aber seiner Meinung nach zu wenig aktiv passiere:

> „The agency was essential to the fight against doping, and [Prof. Ljungqvist] feared that they were losing time. [...] it was vital to get the agency up and running. He heard that the IOC was waiting for cooperation from governments, but it could not wait much longer."[154]

Die geplante Parität von Behörden und Olympischer Bewegung war zumindest vorerst nicht umsetzbar, die Behörden benötigten etwas Vorbereitungszeit bis auch sie einen aktiven Part in der Anti-Doping Agentur übernehmen konnten. Aus diesem Grund wurde sie auch zunächst von der Olympischen Bewegung finanziert.

Die Stimmung wäre positiv und konstruktiv gewesen, so der Generaldirektor des IOC. Man merke, dass das Verlangen, voranzuschreiten, allgegenwärtig sei.[155] Die Vermutung liegt jedoch nahe, dass die Stimmung in Reihen des IOC sicher schlecht gewesen sein muss, hatte sie sich doch eine Vormachtstellung bzw. zumindest Worte des Lobes von den Regierungen erhofft. Indes war dem IOC vielmehr von Repräsentanten der EU die „Pistole auf die Brust" gesetzt worden, da auf der Konferenz von Lausanne diese ihren Interventionswillen geäußert hatten, falls die Sportorganisationen zu keiner eigenen Lösung kämen (VERROKEN, 2003, S. 60).

Die Arbeitsgruppe um Richard Pound, die für die Gründung der WADA zuständig war, schlug vor, IOC-Präsident Samaranch und Prinz de Mérode als Leiter der WADA einzusetzen. Das Ziel der Unabhängigkeit vom IOC schien so zu einer Farce zu werden. Natürlich sollte das IOC eine Rolle in der Agentur spielen, zumal es die Hälfte ihrer Finanzierung übernimmt, der Vorstand der

---

[152] ebd., S. 76.
[153] Bericht des ICAS und CAS von Richter Mbaye, (Prot. 109, IOC Session, S. 42f.).
[154] Prof. Ljungqvist zum Bericht des ICAS und CAS vom CAS Generalsekretär Jean-Philippe Rochat, (Prot. 109, IOC Session, S. 43).
[155] IOC-Generaldirektor zum Bericht des ICAS und CAS vom CAS Generalsekretär Jean-Philippe Rochat, (Prot. 109, IOC Session, S. 43).

Agentur sollte aber unabhängig von der Olympischen Bewegung sein (vgl. FERSTLE, 2001, S. 278).

Der Dopingskandal der Tour de France von 1998 wurde auf allen drei IOC Sessions 1999 mit keinem Wort angesprochen. Ähnlich sieht es nach Gründung der WADA aus, die auf der folgenden 109. IOC Session in Seoul auch unerwähnt blieb. TEETZEL (2004, S. 219) ist über dieses Stillschweigen ebenso verwundert.

4.6 Kritik an der Anti-Dopingpolitik des IOC

4.6.1 Kritik von IOC-Mitgliedern innerhalb IOC-Sessions

In der Anti-Dopingpolitik des IOC gab es diverse Mängel, die von IOC-Mitgliedern angesprochen wurden.

Prof. Essomba aus Kamerun monierte bereits 1984 das Fehlen geeigneter Dopinglabore auf dem afrikanischen Kontinent. Er vertraue aber auf die guten Vorsätze der Medical Commission und deren Präsidenten.[156] Eine Akkreditierung der Dopinglabore seitens des IOC dauerte zu lange. Es gab 1993 keine Labore in Südamerika oder Afrika, nur drei in Asien, drei in Nordamerika und 16 in Europa. Drei Jahre nach Einreichen des Antrags auf Akkreditierung des Labors in Kairo war das Labor immer noch nicht freigegeben. Alle Dopingproben mussten nach Europa geschickt werden, was finanziell nicht tragbar war. Das Fehlen eines Labors auf dem afrikanischen Kontinent wäre nicht förderlich für den Kampf gegen Doping in Afrika, so Ganga in der IOC Session '93 in Monaco.[157] Neun Jahre nachdem Prof. Essomba auf das Fehlen eines Labors hingewiesen hatte, existierte noch immer kein akkreditiertes Anti-Doping Labor. Die Intention des IOC weltweit Doping aus dem Sport zu verbannen, hätte zumindest auf jedem Kontinent ein Anti-Doping Labor innerhalb von neun Jahren etablieren können, wenn nicht gar müssen. Die Medical Commission setzte hingegen andere Prioritäten. Sie hatte kein Interesse daran, das Vertrauen der IFs durch unzureichende Dopinglabore zu verlieren. Die Akkreditierung des IOC sollte ein Qualitätsmerkmal sein. De Mérode argumentierte deshalb, dass bevor

---

[156] Brief zur 89. IOC Session von IOC-Mitglied Prof. Essomba „What future for the Olympic Games". Annex 9, (Prot. 89, IOC Session, S. 77).
[157] Ganga zum Bericht der Medical Commission von de Mérode, (Prot. 101, IOC Session, S. 15).

Dopingtestlabore eine Akkreditierung des IOC bekämen, sie zuerst einen Qualitätstest bestehen müssten, da von der Glaubwürdigkeit der Dopingtestlabore des IOC das Vertrauen der IFs in die Anti-Doping Politik des IOC abhing.[158]

Auch Peter Tallberg, der Vorsitzende der Athletes' Commission, kritisierte 1994, dass die Fortschritte, die seit 1981 im Doping gemacht wurden, zu langsam wären.[159] Auch anderen IOC-Mitgliedern war aufgefallen, dass der Prozess zur Harmonisierung mit Behörden und anderen Organisationen nur sehr schleppend verläuft. Auf solche Kritiken reagiert das IOC immer gleich. Die eigene Anti-Doping Politik wird als großer Erfolg dargestellt, Probleme machen eigentlich nur die anderen Organisationen, da sie sich gegen die Politik des IOC sträuben oder selbst zu wenig gegen Doping tun. Wenn Fehler zugegeben werden, wie in Los Angeles 1984, werden sie vorher relativiert und als Lehrgeld bezeichnet. Es entsteht der Anschein, als könne das IOC nicht reflektiert über die eigene Anti-Doping Politik diskutieren, was vielleicht mit der Angst vor dem Aufdecken eigener Unzulänglichkeiten zu tun hat.

4.6.2 Kritik von externen Experten

Im Buch „The Lords of the Rings, Power, Money & Drugs in the Modern Olympics" von SIMSON & JENNINGS (1992) wird das IOC unter anderem beschuldigt, Doping zu ignorieren und nur kommerzielle Interessen zu verfolgen (ebd., S. 325ff.). Damit das IOC bei einem Zwischenfall, wenn nötig zwei Olympiaden aussetzen könnte, müsse es finanzielle Reserven besitzen, rechtfertigt sich das IOC.[160] Durchaus überzogen versuchen SIMSON & JENNINGS (1992) Intrigen, Korruption und Verschleierungen innerhalb des IOC aufzudecken und darzustellen.

Die von den Athleten geforderten stichprobenartigen Trainingskontrollen sind, nachdem es Jahre brauchte bis sie eingeführt wurden, relativ uneffektiv. In ihnen wird nämlich nicht das gesamte Spektrum an Dopingsubstanzen überprüft, sondern nur einige Wirkstoffe (FEIDEN & BLASIUS, 2002, S. 52).

---

[158] Bericht der Medical Commission von de Mérode, (Prot. 96, IOC Session, S. 9).
[159] Bericht der Athletes' Commission von Tallberg, (Prot. 103, IOC Session, S. 14).
[160] Generaldirektor zum Punkt Öffentlichkeitsarbeit im „Report by the Director General", (Prot. 99, IOC Session, S. 8).

Das olympische Motto ‚citius, altius, fortius' (schneller, höher, stärker) kann, laut Willi Daume, als Aufforderung zu dopen verstanden werden (DAUME, 1976, S. 590). Betrachtet man die Anpassung der Olympianormen des IOC an die Leistungen der Athleten stellt sich die Frage, was einander mehr bedingt: Die überragenden Leistungen der Athleten, die teilweise nur durch Doping erreicht werden konnten, oder die übertriebenen Olympianormen des IOC, die vor allem in den 70er und 80er Jahren Doping fast forderten. SINGLER & TREUTLEIN (2002, S. 97) stellen diesen Zusammenhang her und kritisieren das IOC hier in seinem Umgang mit Leistungsmaßstäben. Natürlich kann man es auf der einen Seite so sehen, dass das IOC nur auf die Leistungssteigerungen der Athleten reagiert und die Olympianormen angepasst hat, aber auch von der anderen Seite, dass das IOC, wusste es doch vom Substanzmissbrauchs etlicher Athleten, nicht unbedingt die Normen hätte anheben müssen.

MÜLLER (2004, S. 25f.) weist allgemeine Vorwürfe zurück, das IOC unternehme zu wenig gegen Doping, da es sich „definitiv nur [für] die Olympischen Spiele und nicht für den gesamten Sport verantworten (könne)". Das ist grundsätzlich korrekt, jedoch gibt es einen Unterschied zwischen dem Gebaren des IOC, das sich als Anführer und Taktgeber der Anti-Doping Bewegung sieht, und der rechtlichen Verantwortung. Da das IOC sich selbst in die Position des Führers der Anti-Doping Bewegung gesetzt hat und diese Rolle dem IOC auch allgemein zugestanden wurde, kann dennoch dem IOC vorgeworfen werden, dass es nicht genug gegen Doping tun würde. Um das Zitat Wilsons wieder aufzugreifen: „[...] with leadership came tremendous responsibility [...]"[161]
In dieser Argumentation müssen aber auch diejenigen in die Verantwortung genommen werden, die dem IOC die Rolle zugestehen und es über Jahre hinweg agieren lassen.
Schwere Vorwürfe äußert HOBERMANN (2001, S. 242): „An effective international anti-doping campaign was never a major priority of the IOC before the 1998 Tour de France scandal."
Demnach hätte das IOC nie ein Interesse daran gehabt ein funktionierendes Anti-Doping System zu etablieren. Olympische Spiele bringen dem IOC erhebliche

---

[161] Wilson zum Bericht der Medical Commission von de Mérode, (Prot. 103, IOC Session, S. 17f.).

Einnahmen, weshalb die Spiele vor dem Ruf geschützt werden müssen, Dopingspiele zu sein. Zuschauereinnahmen via Television bilden den Großteil der Einnahmen und genau diesen Zuschauern gilt es eine heile Welt des sauberen Sports zu präsentieren. Ein Imageverlust der Olympischen Spiele hätte drastische Folgen für das IOC, aber auch für die gesamte Sportwelt. Die meisten Sportarten besitzen kaum öffentliches Interesse außerhalb der Olympischen Spiele, fiele die internationale Bühne weg, wäre dies vermutlich das Aus für Spitzensportler in Randsportarten. Der Sport im allgemeinen würde weniger darunter leiden, denn „Kinder werden auch in Zukunft im Park Fußball spielen und um die Wette laufen" (SIMSON & JENNINGS, 1992, S. 341). DIGEL (1997, S. 334) fordert, dass das Verhältnis von Sport und Wirtschaft nicht auf trügerischen Leistungen basieren darf. SIMSON & JENNINGS (1992, S. 341) fragen nach dem Nutzen, Sportler mit öffentlichen Geldern zu unterstützen, die gedopt vor Fernsehkameras Höchstleistungen zustande bringen. Gewiss wird vom IOC und heute auch von der WADA viel gegen Doping getan, nur könnte sicher mehr getan werden. Der Kampf gegen Doping ist für den Sport zu einem zweischneidigen Schwert geworden. Auf der einen Seite werden Rekorde und Höchstleistungen von den Sportlern erwartet, nur sie schaffen Medieninteresse und dadurch Kapital[162], sowohl für die Sportorganisationen, die Sponsoren, als auch für die Sportler. Folglich besteht, neben anderen Einflüssen wie Ehrgeiz und Siegeswillen, ein großes Streben der Athleten danach, besser und leistungsfähiger als ihre Konkurrenten im Wettkampf zu sein; die Hemmschwelle wird herabgesetzt. Auf der anderen Seite besteht das Interesse der Sportler, die nicht dopen, zu demonstrieren, dass ihr Sport sauber ist. OSWALD (1993, S. 34) sagt, dass es für die Zuschauer schwierig sei, sich vorzustellen, dass ein Athlet sowohl überragend, als auch „sauber" sein kann.

Wenn das Image, wie im Falle der Tour de France einmal leidet, ist es problematisch den Sport zu vermarkten, da das Interesse der Sponsoren und Fans schwindet, das für die Finanzierung des Sports auf allen Seiten unabdingbar ist. Ähnlich sieht es seitens des IOC aus. Nur Spiele sind wirklich rentabel, die so sauber sind, dass sie glaubwürdig wirken. Deshalb kommt die Frage auf, ob nicht nur dort ein Dopingopfer gefunden wird, wo eines gesucht wird. Man muss sich

---

[162] Es ensteht durch Rekorde natürlich auch ein Konsumkapital für die Zuschauer der Wettkämpfe, die sich eine Qualitätsgarantie wünschen (SCHELLHAAß, 2003, S. 12).

vergegenwärtigen, dass natürlich die WADA, wie vorher das IOC, nicht stets jeden Sportler testen und überwachen kann und auch, dass es immer wieder neue Mittel und Wege gibt, unentdeckt zu dopen. Jedoch ist es ebenso schwierig, der WADA gänzlich zu vertrauen, dass sie jeden entdeckten Dopingfall auch publik macht. Aus der Vorgehensweise der WADA, ist auf eine Dunkelziffer zu schließen. Obwohl das IOC aber auch die WADA weiß, dass nicht jeder Sportler getestet wird, aber auch nicht getestet werden kann, werden die Ergebnisse der wohlweislich lückenhaften Dopingkontrollen als Beweis von annähernd sauberen Spielen herangezogen. Genau diese Argumentation monierte bereits der mit dem Ben-Johnson-Skandal von 1988 beauftragte Richter Dubin, denn die Berichte bewiesen nicht, dass jeder gedopte Sportler auch überführt wurde, sondern, dass nur diese erwischt wurden (vgl. SIMSON & JENNINGS, 1992, S. 251).

4.6.3 Ist der moderne Sport noch zu retten?

KRÜGER (1990, S. 360) stellt fest, dass der Leistungssport seiner „Vorbildfunktion als „ideales Modell" nur gerecht werden (kann), wenn Chancengleichheit besteht". Bei Doping fällt die Chancengleichheit durch den Betrug der einen Sportler gegenüber den anderen weg und macht die Leistung für den Gedopten, gleichzeitig auch für die Gesellschaft wertlos (vgl. ebd.). Nur durch die Rückbesinnung auf die Grundlagen des modernen Sports, wie Fairplay und die schriftlich vereinbarten Regeln, kann der Sport sich selbst retten und erhalten. Wenn die Verantwortlichen im Sportsystem nicht bereit sind, die Regeln konsequent zu überwachen, dann verliert der Sport an Glaubwürdigkeit (vgl. DIGEL, 1997, S. 344). IOC-Präsident Rogge sieht den Kampf gegen Doping als „ewigen Kampf" an, denn dopingfreien Sport werde es seiner Aussage nach nicht geben (FAZ, 2005, S. 34). Laut DIGEL (1997, S. 343) ist die Fehlbarkeit des Menschen der Grund dafür. Regeln, die von Menschen aufgestellt wurden, müssen in der Idealvorstellung von allen Beteiligten zu jeder Zeit befolgt und eingehalten werden. Genau das ist eine Utopie (ebd.). Allein „die Rückkehr zum Amateursport und dessen Organisation durch eine demokratisch ausgerichtete Institution" (SIMSON & JENNINGS, 1992, S. 341) könnte die Olympischen Werte zurück in die Olympischen Spiele führen.

5. Die WADA

5.1 Die Gründung der WADA

Die WADA wurde am 10. November 1999 in Lausanne, als Konsequenz der ersten Welt Anti-Doping Konferenz gegründet. Die WADA-Gründungsmitglieder des IOC waren Richard Pound, Prof. Arne Ljungqvist, Dr. Jacques Rogge und der Prinz Alexandre de Mérode.[163] Sie besitzt die Rechtsform einer Stiftung schweizerischen Rechts (Art. 80 ff. schw. ZGB), wobei das IOC als Stifter eingetragen ist. Der Hauptverwaltungssitz der WADA liegt seit 2002 in Montreal, der Gründungsort Lausanne ist seitdem nur noch eine Zweigniederlassung.[164] Neben Montreal und anderen Städten hatte sich auch Bonn um den Hauptverwaltungssitz beworben (MÜLLER-PLATZ, 2003, S. 116). Zur Einrichtung weiterer regionaler Zweigstellen wurde 2001 eine Ausschreibung verfasst auf die sich Städte bewerben konnten. Bis Mitte Juni 2002 war die Bewerbung möglich und von den Bewerbern wurden die Städte Tokio (Japan) und Kapstadt (Südafrika) als realisierbar erachtet.[165]

Beide Städte sind danach regionalen Niederlassungen geworden (HAAS & MERTENS, 2004, S. 110f.; MÜLLER, 2004, S. 27).

5.1.1 Die Gründung der NADA

Im Anschuss an die 1. Welt Anti-Doping Konferenz in Lausanne 1999 war dem damaligen Bundesinnenminister Otto Schily bewusst, dass es in Deutschland eine der WADA ähnliche Organisation als Ansprechpartner geben müsse. Deshalb wurde in Zusammenarbeit mit der Anti-Doping-Kommission bestehend aus NOK und DSB mit der Planung der Nationalen Anti-Doping Agentur (NADA) beauftragt (MÜLLER-PLATZ, 2003, S. 115). Am 15. Juli 2002, wurde die NADA gegründet gemäß den internationalen Entwicklungen einer gemeinsamen Anti-Doping Bewegung von Staat und Sportverbänden (MÜLLER, 2004, S. 25). Ihr Sitz ist Bonn, da so die Nähe zu dem an der Deutschen Sporthochschule in Köln angesiedelten IOC-akkreditierten Anti-Doping-Labor, sowie zu dem

---

[163] Pound über den neuesten Stand der WADA. Miscellaneous, World Anti-Doping Agency, (Prot. 110, IOC Session, S. 47).
[164] Richard Pound in „Message from the Chairman", WADA Annual Report 2002, (WADA, 2002, S. 3).
[165] Administration, WADA Annual Report 2002, (WADA, 2002, S. 19).

Bundesinstitut für Sportwissenschaft (BISP) in Bonn gegeben ist (vgl. FEIDEN &
BLASIUS, 2002, S. 62). Die NADA ist eine „rechtsfähige Stiftung bürgerlichen
Rechts mit dem Zweck, das fair play im Sport durch geeignete pädagogische,
soziale, medizinische, wirtschaftliche und sportliche Maßnahmen zu fördern"
(MÜLLER, 2004, S. 25) und den olympischen Idealen Coubertins verpflichtet. Die
NADA ist in Deutschland für Wettkampfkontrollen und Trainingskontrollen
zuständig. Am 10. Dezember 2003 unterzeichnete die NADA zusammen mit dem
deutschen NOK den WADC, hierdurch ist sie nun Ansprechpartner und die
zentrale Organisation zur Dopingbekämpfung in Deutschland (MÜLLER-PLATZ,
2003, S. 115).

5.2 Die Zielsetzung der WADA

Die WADA soll eine transparente, zuverlässige und unabhängige Anti-Doping
Agentur sein. Deshalb werden zu ihren Meetings auch Vertreter von
internationalen Organisationen, wie Interpol, UNDCP, oder WHO eingeladen, die
als Beobachter fungieren sollen. Die Unabhängigkeit zu wahren ist eines der
höchsten Ziele der WADA, keine Organisation soll in der Lage sein die WADA
zu steuern (INTERNATIONAL SOCIETY OF OLYMPIC HISTORIANS, 2000, S. 53). Der
World Anti-Doping Code soll harmonisiert, koordiniert und effektiv operieren,
damit will die WADA sich bewusst von den Fehlern vergangener Anti-
Dopingmaßnahmen abgrenzen und ihre eigenen Maßnahmen durch
Harmonisierung und Effektivität optimieren (KERN, 2007, S. 232).

5.3 Die Aufgaben der WADA

Sinn und Zweck der Stiftung ist die Koordination und Förderung des Kampfes
gegen Doping auf internationaler Ebene. Dabei führt sie sowohl selbst Kontrollen
durch, was besonders bei großen internationalen Wettkämpfen der Fall ist, tritt
aber auch als Kontrollinstanz gegenüber den vom IOC gegründeten
Dopinglaboren auf.
Die WADA hat als Aufgabe, alle offiziellen Anti-Doping Programme weltweit zu
koordinieren und zu unterstützen. Profisport hat hier Vorrang vor dem Amateur-,
und Breitensport.

5.4 Die Organisationsstruktur der WADA

Die WADA ist die unabhängige internationale Organisation, die den Kampf gegen Doping beaufsichtigt und den WADC betreut. Dabei arbeitet sie mit einem Netzwerk von Anspruchsgruppen, die jeweils eine individuelle Rolle und Verantwortung übernehmen.[166]

Der Vorstand soll mindestens zehn, maximal 35 Mitglieder zählen. Sowohl die Olympische Bewegung, als auch staatliche Behörden dürfen dabei nicht mehr als jeweils 16 Mitglieder bestimmen. Andere Mitglieder können nach Bestätigung des Vorstands zugelassen werden, wobei immer die Parität zwischen der Olympischen Bewegung und der öffentlichen Behörden gegeben sein muss. Eine Person kann über die Dauer von drei Jahren zum Mitglied des Vorstands ernannt werden, diese Mitgliedschaft kann allerdings nur zweimal verlängert werden (INTERNATIONAL SOCIETY OF OLYMPIC HISTORIANS, 2000, S. 53).

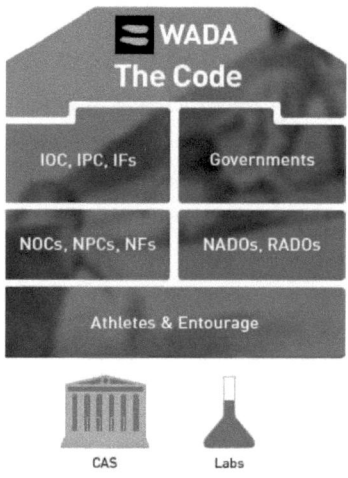

Abb. 3 Organisationsstruktur WADA (WADA, 2009c, S. 1).

Das IOC, das IPC und auch die IFs sind der Oberbau seitens des Sports, staatliche Vertreter bilden die Gegenkomponente und statten die WADA neben finanziellen Mitteln auch mit internationaler Legitimität aus. Da Regierungen an der WADA beteiligt sind, bekommt sie ein anderes Gewicht. Sie wird durch die Parität

---

[166] „WADA & the Code", Global Anti-Doping Organization Chart, (WADA, 2009c, S. 2).

zwischen sportlichen Organisationen und Regierungen zu einer zweigeteilten überstaatlichen (*hybrid-supranationalen*) Organisation, die weder Sportorganisation, noch International Governmental Organization (IGO) ist, sondern im Kampf gegen Doping die universelle Position einnimmt.

Den Mittelbau stellen die NOCs, NPCs und NFs zusammen mit den NADOs und RADOs dar. Die Regeln des IOC und IPC erfordern die Anerkennung und Erfüllung des WADC seitens der NOCs und NPCs, die Regeln der IFs sollten voraussetzen, dass die nationalen Verbände den Code befolgen.[167] In Deutschland wurde die Nationale Anti-Doping Agentur (NADA) 2002 gegründet. Sie hat zum 01.07.2003 die Aufgaben der Anti-Doping-Kommission (ADK) von DSB und NOK übernommen (SUMMERER, 2007, S. 190). Die NADOs sind für Dopingtests innerhalb und zwischen Wettkämpfen auf nationaler Ebene verantwortlich. Irrelevant bei diesen Tests ist das Herkunftsland der Sportler, die an einem Wettkampf innerhalb eines Landes mit einer NADO teilnehmen. Da es noch Gegenden auf der Welt gibt, die eine begrenzte oder keine Anti-Doping Bewegung haben, wurden von der WADA auf regionaler Ebene die RADOs gegründet. Im Jahre 2011 konnten durch 15 eingerichtete RADOs weltweit 118 Länder von der WADA betreut werden.[168] Besonders der afrikanische Kontinent, auf dem finanzielle Mittel für Anti-Doping Programme stark begrenzt sind, wird durch RADO-Zonen beinahe flächendeckend erreicht.

Die Athleten stellen den Unterbau der WADA und können sich zum ersten Mal aktiv in der Anti-Doping Bekämpfung beteiligen, was laut Richard Pound für den Erfolg der WADA unerlässlich ist.[169]

5.5 Die Finanzierung der WADA

Mit 25 Mio. US-Dollar[170] wurde die WADA durch die Olympische Bewegung in den ersten beiden Jahren gefördert. In den Satzungsstatuten der WADA von 2002 ist festgelegt, dass die WADA zu gleichen Teilen von der Olympischen

---

[167] „NOCs, NPCs, NFs" & „NADOs, RADOs", Global Anti-Doping Organization Chart, (WADA, 2009c, S. 2).
[168] Regional Anti-Doping Organizations, WADA Annual Report 2011, (WADA, 2011, S. 22f.).
[169] Pound über den neuesten Stand der WADA. Miscellaneous, World Anti-Doping Agency, (Prot. 110, IOC Session, S. 47).
[170] siehe hierzu Anhang „Lausanne Declaration"; (Prot. 108, IOC Session, S. 78.).

Bewegung und den Regierungen finanziert wird. Die International Governmental Consultative Group on Anti-Doping in Sports (IICGADS) hatte im Mai 2001 zugestimmt, dass der Regierungsanteil von den fünf Regionen getragen wird.[171]

Fast 50% des Beitrags der Regierungen entfallen auf Europa, somit leistet Europa einen erheblichen Beitrag zur internationalen Solidarität mit finanziell schwächeren Staaten (MÜLLER-PLATZ, 2003, S. 116). Zunächst erhielt die WADA 17 Mio. US-Dollar[172], die bis 2004 auf 20,235 Mio. US-Dollar angehoben wurden.[173] Es bestand Ende des Jahres 2004 zum ersten Mal keine Gefahr, für die Finanzierung der Projekte auf Rücklagen zurückgreifen zu müssen.[174] Im Jahre 2006 war die finanzielle Situation weiterhin stabil, in Zukunft würden die Kosten aufgrund von größeren Aufgabenbereichen steigen.[175] Das Budget stieg 2007 auf 23 Mio. US-Dollar[176]. Als Grund nennt die WADA, dass sie ihr Budget in US-Dollar erhält, jedoch aufgrund ihres Hauptsitzes in Kanada sehr viel Geld in kanadischen Dollar ausgibt. Der schlechte US-Dollarkurs trieb die Kosten der WADA in die Höhe und war der Grund dafür, dass die WADA besonnen mit ihrem Budget und Rücklagen umgehen muss.[177] Die Finanzierung der WADA ist von Wechselkursschwankungen betroffen. Jährlich steigerte sich das Budget von 2008 bis 2010 um eine Million US-Dollar[178] und der aktuelle Bericht von 2011 weist ein Gesamtbudget von 26,420 Mio. US-Dollar aus.[179] Aktuell werden Rücklagen benutzt, um Finanzlöcher zu stopfen. In den kommenden 30 Monaten ist aber dennoch kein Defizit zu erwarten.[180]

5.6 Der „World Anti-Doping Code"

Eine der Hauptaufgaben der WADA ist die Erstellung und das kontinuierliche Bearbeiten eines Welt Anti-Doping Codes. Bis sie einen solchen Code erstellt hat,

---

[171] Funding, WADA Annual Report 2002, (WADA, 2002, S. 25).
[172] Funding, WADA Annual Report 2002, (WADA, 2002, S. 24).
[173] Management Report & Financials, WADA Annual Report 2004, (WADA, 2004, S. 24).
[174] Management Report & Financials, WADA Annual Report 2004, (WADA, 2004, S. 23).
[175] Management Report, WADA Annual Report 2006, (WADA, 2006, S. 24).
[176] Management Report, WADA Annual Report 2007, (WADA, 2007a, S. 29).
[177] ebd., S. 28.
[178] vgl. Management Report, WADA Annual Report 2008, (WADA, 2008a, S. 29); Management Report, WADA Annual Report 2009, (WADA, 2009a, S. 15); Finance Overview, WADA Annual Report 2010, (WADA, 2010, S. 19).
[179] Finance Overview, WADA Annual Report 2011, (WADA, 2011, S. 27).
[180] ebd., S. 26.

bestand der „Olympic Movement Medical Code", der sich auf den „IOC Medical Code" bezog.[181] Der Code sollte zur Harmonisierung von Anti-Doping Richtlinien führen. Es wurde schnell deutlich, dass dieser Prozess viel mehr Zeit in Anspruch nehmen wird. Im Jahr 2001 stand das Grundgerüst des Codes und wurde, nachdem der Gründungsrat seine Zustimmung gegeben hatte, einzelnen Anspruchsgruppen zum Überprüfen, -arbeiten und zum Kommentieren zugesandt. Eine erste komplette Version wurde im Juni 2002 an 1000 interessierte Personen und Institutionen versandt.[182] Nach zwei weiteren Arbeitsversionen des Codes wurde auf der 2. Welt Anti-Doping Konferenz[183] vom 3-5. März 2003 in Kopenhagen die letzte Version des Codes präsentiert. Am 5. März 2003 konnte die erste Version des WADC vom Gründungsrat der WADA akzeptiert werden.[184] Seit 2004 gibt es auch eine von der NADA übersetzte Version (s. NADA, 2004). Beinahe alle NOKs und IFs haben Ende 2005 den WADC angenommen und sich seiner Umsetzung verschrieben.

> „It was little short of a miracle that the WADA Code came together so quickly. But WADA's adoption of the code was only the beginning. The code meant nothing until the sports movement and governments acted to incorporate it into their own rules." (POUND, 2006, S. 97)

Das Problem des Medical Codes war das gleiche, wie beim WADC: Solange er nicht von den Sportorganisationen und Regierungen anerkannt und befolgt wird, ist er wertlos.

Der WADC ist für die Harmonisierung des Dopingbegriffs verantwortlich (HAUG, 2006, S. 32) und legt den Standard der internationalen Anti-Doping Richtlinien fest (KERN, 2007, S. 157).

Um die WADA von staatlicher Seite besser unterstützen zu können, wurde auf der 2. Welt Anti-Doping Konferenz in Kopenhagen 2003 beschlossen, eine Anti-

---

[181] vgl. Mbayes Kommentar zu seinem Bericht der Juridical Commission, (Prot. 109, IOC Session, S. 8).
[182] The Code, WADA Annual Report 2002, (WADA, 2002, S. 7f.).
[183] Als 1. Internationale Anti-Doping Konferenz wird die Konferenz 1988 von Ottawa gezählt, die Konferenzen von Moskau und Bergen wurden zwar vom IOC als 2. und 3. Internationale Anti-Doping Konferenz betitelt, wurden später aber nicht mehr als solche gezählt (vgl. ERBACH, 2004). Die 1. Welt Anti-Doping Konferenz fand in Lausanne 1999 statt, die 2. Welt Anti-Doping Konferenz in Kopenhagen. Die Zählweisen sind unterschiedlich, weshalb nicht immer eindeutig ist, von welcher Konferenz jeweils gesprochen wird. MÜLLER-PLATZ (2003, S. 115) z.B. zählt die Konferenz in Lausanne 1999 als 5. Weltdoping-Konferenz. Diese Arbeit orientiert sich an den Bezeichnungen des IOC.
[184] Second World Conference on Doping in Sport, WADA Annual Report 2003, (WADA, 2003a, S. 6).

Doping-Konvention zu entwickeln. Hierdurch sollte der WADC gestärkt, sowie zwischen Sportorganisationen und den Staaten weiter harmonisiert werden. Die Entwicklung wurde von der UNESCO durchgeführt und sollte auf der vom Europarat bereits 1992 verabschiedeten Konvention basieren (MÜLLER-PLATZ, 2003, S. 119). Die Anti-Doping-Konvention der UNESCO fand im Oktober 2005 statt und garantierte mit ihrer Deklaration Völkerverbindlichkeit. Dadurch sollte der WADC mit nationalem Recht versehen werden (SUMMERER, 2007, S. 190). Im Jahre 2007 hatten 192 Regierungen die UNESCO-Declaration unterzeichnet, mit der sich eine Regierung zum WADC und der WADA bekennt.[185] Die aktuelle Version des WADC stammt aus dem Jahr 2009.

Der Anti-Doping Code der WADA steht in Tradition des Medical Code des IOC[186] und verbietet im Artikel 2 allgemein Doping (vgl. WADA, 2009b, S. 18ff.). Er definiert was Doping ist und versucht so einen dopingfreien Sport für die Gesundheit, Fairness und Chancengleichheit der Athleten, zu schaffen (KERN, 2007, S. 232). Der wichtigste Unterschied zum Medical Code des IOC ist die Übertragung von Kompetenzen vom IOC an die WADA. Allein die WADA besitzt das Recht, die Liste der verbotenen Substanzen und Methoden zu empfehlen.

Mit dem WADC hätte man, Richard Pound zufolge, die stärkste Waffe im Kampf gegen Doping, um Doping endlich aus dem Sport verbannen zu können. Für ihn ist der WADC ein Neubeginn für den Sport und der Anfang vom Ende des Dopings (vgl. RASMUSSEN, 2004, S. 20). In der Eröffnungsrede der Welt Anti-Doping Konferenz von Kopenhagen erläuterte Pound die wichtige Bedeutung des Anti-Doping Kampfes:

> „If we do our work on this occasion, years from now, when the fight against doping in sport has become a success, the world will look back on this Conference as a seminal moment in this fight. If we do not succeed on this occasion, the world will judge us having failed to demonstrate the commitment necessary to protect the values of sport." (zit. nach RASMUSSEN, 2004, S. 20)

So legt Pound die Einrichtung des WADC als möglichen Wendepunkt im Kampf gegen Doping aus. Jacques Rogge, der Präsident des IOC, hat auf der Welt Anti-Doping Konferenz in Kopenhagen den Internationalen Verbänden und NOKs

---

[185] Goverments & the Code: UNESCO Convention, WADA Annual Report 2007, (WADA, 2007a, S. 9).
[186] vgl. Kapitel 2.

angedroht, falls sie den WADC nicht akzeptierten, die Olympischen Spiele keinen Platz mehr für sie böte. Regierungen, die den Code nicht anerkennten, würden keinen Zuschlag mehr für die Austragung der Spiele erhalten.[187] Partizipation bei Anerkennung des Codes oder Ausschluss von den Spielen wurde erneut den Verbänden gegenüber als Druckmittel eingesetzt.

5.7 Die Sanktionen

Die Sanktionen, die von der WADA bei einem Dopingverstoß vorgesehen sind, orientieren sich an den zwei Jahren Sperre, die das IOC in seinem Medical Code nach Rücksprache mit den IFs 1996 festgelegt hatte.[188] Das Strafmaß erschien dem Vorstand der WADA angemessen, da sie mit dem WADC die Chance hatten, die Härte neu zu definieren. DIMEO (2009, S. 29) sieht die Sanktionen als Novum der WADA an.

> „New rules were devoloped by WADA such as the standard two year ban for any offence [...]. This was to be applied in all sports, all levels of competition and in all countries. Such a move explicitly addressed a number of the failings of previous anti-doping efforts."

Es ist richtig, dass es erst die WADA schaffte, die Sanktionen von einer zwei jährigen Sperre durchzusetzen; neu war diese Idee aber nicht.

Bundesinnenminister Otto Schily hielt die Beschlüsse der Welt-Dopingkonferenz für „nicht ausreichend", denn „ die vorgesehene Sperre von zwei Jahren für Dopingverstöße als Regelsanktion reich(e) nicht aus. Nur eine harte Strafandrohung wirk(e) präventiv" (zit. nach WESTFÄLISCHE NACHRICHTEN, 1999). Wie auch schon das IOC in den Jahren vor Gründung der WADA, steht auch die WADA vor dem Problem, dass Sport die Profession der meisten Athleten ist und eine härtere Strafe existenzbedrohend sein kann.

---

[187] Einführungsrede von Jacques Rogge auf der Welt Anti-Doping Konferrenz, „A tough stand", Play True Magazin, (WADA, 2003c, S. 9).
[188] de Mérode zu seinem Bericht der Medical Commission, (Prot. 105, IOC Session, S. 20).

6. Resümee: Die WADA als letzte Rettung des Spitzensports oder Resultat der Harmonisierungsbestrebungen des IOC?

War die WADA die letzte Rettung des Spitzensports?

Definitiv war es nach 1998 an der Zeit, die Anti-Doping Politik auf eine neue Ebene zu bringen und hierdurch die Zuständigkeiten und Verhältnisse zu reformieren.

Das IOC hatte nach HANSTAD (2009, S. 179) bewiesen, dass es nicht in der Lage war den Kampf gegen Doping anzuführen, die Rolle des Vorreiters musste von einer anderen Organisation übernommen werden, die unabhängig vom IOC war. Die Probleme waren vielseitig. Von einer führenden Organisation erwartet man all das, was die WADA nun darstellt, bzw. darstellen soll: Transparenz, Effektivität und Harmonisierung zwischen den Beteiligten. In den meisten Punkten hatte das IOC zwischen 1988 und 1998 versagt. Nachdem deutlich wurde, dass Dopingfälle die Olympischen Spiele bedrohten, schrieb sich das IOC den Kampf gegen Doping auf seine Fahnen. Leider blieb es in den meisten Fällen bei plakativen Handlungen. Die Dopingkontrollen des IOC waren mehr als uneffektiv im Aufdecken von Dopingsündern. Im Zeitraum von 1968 bis 1996 wurden gerade einmal 52 positive Dopingfälle bei einer Anzahl von ungefähr 54000 Athleten entdeckt. Die Quote von einem gedopten Athleten pro 1000 Sportlern ist grotesk (HOBERMAN, 2004, S. 8). Out-of-Competition Testing wurde zwar vom IOC eingeführt, war aber eher zur Beruhigung der Kritiker geeignet, als dass es Nutzen brachte. Die Forderungen von Out-of-Competition Tests waren nicht neu. Bereits im Jahre 1974 hatten Wissenschaftler das IOC darauf hingewiesen, dass „Kontrollen am Wettkampftag nicht ausreichen würden" (DONIKE & RAUTH, 1996, S. 21). Der Ben-Johnson-Skandal wirkte als Katalysator von Out-of-Competition Tests, wobei die dafür nötigen Vorbereitungen seit Anfang der 1980er Jahre getroffen wurden (vgl. ebd.). Nach den ersten Forderungen dauerte es mehr als zwanzig Jahre bis ansatzweise effektive Out-of-Competition Tests durchgeführt werden konnten.

Ehrliches Interesse an einem funktionierenden Dopingkontrollsystem hatte aber kaum eines der IOC-Mitglieder. IOC-Präsident Brundage wollte den Amateurstatus der Athleten bei den Spielen erhalten, weshalb ihm dieser Punkt wichtiger als Anti-Doping Politik war. Samaranch hatte hauptsächlich die Kommerzialisierung der Olympischen Spiele im Sinn. Doping war ein zweitrangiges Problem über das besser Stillschweigen bewahrt wurde. Mit der Kommerzialisierung der Spiele war das IOC nun auf eine unerschöpfliche Geldquelle gestoßen, solange die Weltöffentlichkeit Interesse an den Wettkämpfen behält. Alles, was dem Image der Spiele schaden könnte, seien es Dopingskandale oder Kritiker aus den eigenen Reihen, galt es zu vermeiden. Deshalb musste der Status quo solange wie möglich erhalten bleiben, gegen Reformen sperrte sich das IOC (HUNT, 2011, S. 135). Allgemein wurde deshalb eine Politik unter dem Motto ‚Quieta non movere' vom IOC betrieben, denn Internen musste bekannt gewesen sein, wie es um den Sport wirklich stand. Das IOC hat in den letzten drei Jahrzehnten gelernt, das kommerzielle Potential der Olympischen Spiele zu nutzen und hat konsequent seinen wirtschaftlichen und politischen Einfluss ausgebaut.

> „an almost total commercializing of the Olympic Games [...] has converted the ‚movement' into an advertising vehicle for the multinational corporate sponsors and American television networks that are the foundatoin of this power" (zit. nach HOBERMAN, 2001, S. 245)

Präsident Samaranch macht hier deutlich, was dem IOC wirklich wichtig ist oder zu sein scheint. Die Prioritäten werden auf Kommerzialisierung und Geld gelegt, Dopingbekämpfung ist nebensächlich (vgl. ebd.). Geld ist der bedeutende Faktor, fehlt Geld, können keine einheitlichen Strukturen geschaffen, Dopingtests nicht durchgeführt, ein zuverlässiges Kontrollsystem nicht etabliert werden. Bei zu vielen liquiden Ressourcen gibt es Interessenkonflikte, viele Interessensgruppen und Machtansprüche. Neben dem IOC, das seine Haupteinnahmen durch den Verkauf der Fernsehrechte erhält, sind es die Fernsehsender, die durch den Verkauf von Werbung Geld machen wollen. Die Übertragungsrechte für die Olympischen Spiele im jeweiligen Land zu besitzen, schafft eine Machtposition in der Zeit der Spiele. Für die Firmen, die ihre Werbung bei den Olympischen Spielen präsentieren - hier sind vor allem die Hauptsponsoren wie Coca-Cola, McDonald's oder Adidas zu nennen - sind die Olympischen Spiele durch ihre vollständige Kommerzialisierung und ihr positives Image, die ideale Möglichkeit Geld zu verdienen. Nicht nur das IOC oder die Olympische Familie hat allgemein

ein Interesse daran, die Olympischen Spiele und olympische Sportarten frei von negativen Schlagzeilen zu halten, sondern auch Medien und Sponsoren.

> „doping was primarily a public relationsproblem that threatened lucrative television and coprporate contracts [...] worth billions of dollars." (HOBERMAN, 2001, S. 242)

Pierre de Coubertin wäre nicht einverstanden mit dem, was aus seiner Olympischen Idee geworden ist, eine derartig kommerzialisierte Veranstaltung hätte Coubertin niemals gutgeheißen.

Eine Einigung zu erreichen ist sehr schwierig, wenn nicht nur verschiedene Staaten, sondern auch einzelne Organisationen aus den unterschiedlichsten Bereichen, sich durch die Dopingbekämpfung profilieren wollen. Hierbei sind nicht die einzelnen Personen zu vergessen, die individuelle Ziele verfolgen und Doping für sich nutzen wollen. Insgesamt kann man festhalten, dass der Kampf gegen Doping ein Thema ist, mit dem sich jedermann gerne brüsten möchte, was keinesfalls ethisch vertretbar ist, zumeist aber der Realität entspricht. Durch Interessenskonflikte und Machtspiele gerät das eigentliche Ziel in den Hintergrund, Doping zu bekämpfen.

Kritiker in eigenen Reihen werden nicht geduldet, sondern durch interne Hausmächte von wichtigen Positionen ferngehalten. Wer auch nur ein wenig dagegen tun wollte, wurde bestraft. HUNT (2011, S. 135) spielt auf eine mögliche Verbindung zur IOC Präsidentenwahl 2001 an, bei der, der eher linientreue Jacques Rogge den Vorzug vor Richard Pound bekam, der nur das drittbeste Ergebnis erzielte. Wo auch immer viel Geld im Spiel ist, existiert auch Raum für Intrigen und das Verfolgen eigener Interessen.

Kritikpunkte aus den eigenen Reihen wurden geäußert, jedoch befasste sich das IOC nicht ernsthaft mit ihnen. Als Beispiel kann man Prof. Dr. Ljungqvist nennen, der mangelnde Finanzierung und das schleppende Tempo bei der Umsetzung von Plänen und Reformen beklagt. Wenn das IOC Doping im Sport wirklich hätte eindämmen wollen, wäre der Bereich stärker subventioniert worden.

Auffällig ist, dass dieselben Hinweise für eine effektivere Anti-Doping Politik immer wieder während der IOC-Sessions auftauchen und damit belegen, dass sich innerhalb einiger Jahre so gut wie nichts verändert hat.

Von 1988, dem Wendepunkt im Kampf gegen Doping, wo zum allerersten Mal auch ein riesiges Medieninteresse an den Umständen des Ben-Johnson-Skandals bestand, bis zur Gründung der WADA 1999, hat das IOC sich um Harmonisierung innerhalb und außerhalb der Olympischen Bewegung bemüht. Wichtig war die Harmonisierung der Anti-Doping Bestimmungen auf internationaler Ebene, da für alle Sportler weltweit die gleichen Regeln gelten müssen. Das IOC hat Harmonisierungsbestrebungen gehegt, teilweise auch durchgesetzt, war in ihrer Durchführung aber nicht entschlossen genug. In diesem Rahmen lassen sich nicht nur Fehlschläge, sondern auch kleine Erfolge nachweisen. Das IOC hat durch den Medical Code 1995 erreicht, dass zumindest einige Verbände diesen in ihre Statuten implementiert haben. Das eigentliche Ziel des Medical Codes, von allen IFs akzeptiert und übernommen zu werden, wurde allerdings nicht erreicht. Neue Kommissionen wurden vom IOC eingeführt, es wurde versucht, die Strafen und Regeln zu harmonisieren und mit den Regierungen zusammenzuarbeiten.

Erst die Gründung der WADA, die durch die Parität von Sportorganisationen und Behörden ein neues Machtverhältnis schuf, ließ alle am Sport beteiligten Organisationen an einem Strang ziehen.

Den wirklich großen Erfolg auf der Ebene der Dopingbekämpfung, das zeigt 1998 die Tour de France, hat das IOC nicht vorzuweisen. Es blieb der Versuch, zu harmonisieren. Das IOC vermittelte den Eindruck, dass es in der Lage ist, die Welt des Sports mit Hilfe ihres Medical Codes überwachen zu können, das gelang letztendlich nicht. Unzulänglichkeiten in der Anti-Doping Politik des IOC wurden in IOC-Sessions nie angesprochen, weder minutiös aufgearbeitet noch diskutiert, sondern totgeschwiegen, was der Tour de France-Skandal zeigt, der mit keinem Wort in den IOC Sessions 1998-1999 erwähnt wird. Man muss dem IOC zugestehen, dass es geplant hatte, Ende 1998 eine Konferenz abzuhalten, um einen neuen Medical Code zu erschaffen. Aufgrund der Ereignisse der Tour de France musste diese mit vielen Regierungsvertretern als 1. Welt Anti-Doping Konferenz abgehalten werden. Auf der Konferenz hatte das IOC gehofft, in den Reden der Politiker Lob und Anerkennung ihrer Anti-Doping Bestrebungen zu erhalten. Jedoch fanden diese nur harte Worte über die Unfähigkeit des IOCs bei der Dopingbekämpfung, was die meisten IOC-Mitglieder schockte (vgl.

HOULIHAN, 1999, S. 17, zit. nach HANSTAD, 2009, S. 189f.). Das IOC wollte die zentrale Anti-Doping Instanz sein und bleiben, deshalb setzte es alles daran die Kontrolle über den Dopingkampf zu behalten (vgl. HOULIHAN, 2002, S. 157).

Das IOC soll nicht dargestellt werden, als habe es gar nichts für den Kampf gegen Doping getan. Zwar trifft es zu, dass sich das IOC, im Gegensatz zur Politik, kontinuierlich für die Bekämpfung von Doping eingesetzt hat, die Harmonisierungsbestrebungen aber nur erkennbar und nicht durch Resultate bemerkbar waren. Historisch gesehen muss das IOC gewusst haben, dass Out-of-Competition Testing selbst, wenn es genügend Labore, günstige Tests usw. gibt, de facto nicht allumfassend durchführbar ist. Es fehlt nicht nur an Personal, sondern ist auch logistisch nicht umsetzbar. Dennoch wurde in der Öffentlichkeit Ende der 90er Jahre so getan, als hätte das IOC das Dopingproblem in den Griff bekommen. Out-of-Competition Testing dient eher dazu, Kritikern etwas vorweisen zu können und die Zuschauer der Wettkämpfe zu beruhigen.

Anstatt selbst aktiver, forcierender oder reformierender zu werden, verwies das IOC gerne auf fehlende Aktivitäten der Verbände und belässt es selbst bei Ratschlägen.

Bereits Anfang der 1980er Jahre zeichnete sich ab wie der einzige Weg gegen Doping auszusehen hatte:

Um weltweit erfolgreich Anti-Doping-Politik zu betreiben, muss international agiert und kooperiert werden und es erfordert eine enge Zusammenarbeit mit allen Beteiligten. Dieser Weg, hin zu einem dopingfreien Sport, wurde vom IOC oft erläutert, die einzelnen Schritte von vielen Seiten noch öfter gefordert, jedoch blieb eine erfolgversprechende Veränderung aus.

Von den 1980er Jahren bis zur Gründung der WADA hat sich immer wieder gezeigt, dass Doping nur zu bekämpfen ist, wenn Behörden und Sportorganisationen zusammenarbeiten.

> „ [...] the problem of doping in sport has outgrown the scope and powers of domestic public anti-doping authorities and was testing, to the limit, the capacitiy of international and national sports federations." (Houlihan, 2004, S. 19)

Die Gründung einer Organisation, die sowohl über den Staaten, als auch über den Sportorganisationen steht, war zwangsläufige Folge der Entwicklungen von Doping innerhalb dieser zwanzig Jahre. Es waren dabei weniger die Harmonisierungsbestrebungen des IOC, die zwar mit den Behörden kooperieren, aber sie trotzdem aus ihrer Anti-Doping Politik lieber raushalten wollten[189], sondern eher die Unfähigkeit der Olympischen Bewegung und auch der Behörden, Doping alleine zu bekämpfen, die zur Konstituierung der WADA führten. Man könnte sagen, dass Doping, durch seine Komplexität, selbst die Gründung der WADA verursacht hat.

Das allgemeine Ansehen des IOC konnte ein stückweit gerettet werden, indem die WADA die Verantwortung für die weltweite Bekämpfung von Doping übernimmt. Nun richtet die Öffentlichkeit ihre Aufmerksamkeit auf die als positiv empfundene Gründung der WADA und weniger auf Skandale der Vergangenheit (TEETZEL, 2004, S. 220). Auch der heutige Vorsitzende der Medical Commission Prof. Dr. Ljungqvist findet, dass die WADA bessere Möglichkeiten hätte, die Rolle der Medical Commission einzunehmen und so zu spielen, wie es die Commission gewollt hatte. Die Medical Commission wäre, seiner Auffassung nach, zwar auch erfolgreich gewesen, hätte aber ihre Schwierigkeiten gehabt, da es keiner supranationalen Organisation wie der WADA angehörte (LJUNGQVIST, 2003, S. 30f.).

Ob die Harmonisierungsbestrebungen des IOC erfolgreich waren oder nicht, ist schwierig zu beurteilen (HOULIHAN, 2004, S. 22).

Für weitere Arbeiten könnte die Frage interessant sein, inwiefern sich die Effektivität der Dopingkontrollen seit Gründung der WADA verbessert hat oder ob die WADA, wie oft kritisiert wird, nur Steuergelder verschwendet.

Es ist schwierig, den vom IOC beabsichtigten Prozess zu schildern, weil immer die Ziele des Prozesses genannt und gefordert werden, der Prozess selbst aber nur minimal fortschreitet. Aus diesem Grund gleichen sich die Harmonisierungsbestrebungen des IOC innerhalb der internationalen Anti-Doping Politik und es scheint, als würde das IOC nur auf der Stelle treten. Dabei sind es kleine Veränderungen, die besonders nach Seoul 1988 den Prozess voranschreiten lassen, dann aber kurz vor dem Ziel der Harmonisierung durch den Medical Code des IOC stagnieren lassen. Von 1995 bis 1998 sperrten sich einige Verbände, aus verschiedenen Gründen, gegen den Medical Code und verhinderten damit den großen Schritt in Richtung einer einheitlichen Anti-Doping Bewegung. Erst

---

[189] siehe Vorschlag der Gründung einer OMADA.

nachdem sich 1998 bei der Tour de France die Behörden vehement eingeschaltet und durchgegriffen hatten, konnte das IOC, mit Hilfe des öffentlichen Drucks der Behörden, mit den Verbänden an einem WADC arbeiten. Für die Verbände war die Gründung der WADA unerlässlich, da die machtpolitischen Fronten zwischen IFs und IOC verhärtet waren. Vor Gründung der WADA hatte die allgemeine Anti-Doping Politik nach außen Stabilität vermittelt, zwischen IOC und den Regierungen herrschten aber Koordinationsprobleme. Die WADA hat eine schwache, unterfinanzierte Anti-Doping Bewegung in eine starke verwandelt, die in Zusammenarbeit mit Sportorganisationen und den Regierungen die Ziele erreicht, die sich das IOC all die Jahre zuvor gesetzt hatte (HOULIHAN, 2009, S. 44). Aus den vielen kleinen Bereichen, in denen Doping uneffektiv bekämpft wurde, hat die WADA einen großen geschaffen, der von ihr kontrolliert wird. Gestärkt wird sie dabei von der Vielzahl der Akteure:

Das IOC, die UNESCO und die IFs unterstützen die WADA zwar (ebd., S. 45), HOULIHAN (2009, S. 51) warnt davor, dass alle anderen Organisationen weniger gegen Doping unternehmen, da sich hauptsächlich die WADA mit dem Thema befasst.

Die Hoffnung die alten Werte des olympischen Gedanken Coubertins in der gesamten Sportwelt wieder zu entfachen, scheint der WADA zu obliegen.

Abkürzungsverzeichnis

AIBA	Association Internationale de Boxe Amateure (Weltverband des Amateurboxsports)
ANOC	Association of National Olympic Committees (Vereinigung der Nationalen Olympischen Komitees)
ASOIF	Association of Summer Olympic International Federations (Vereinigung der Internationalen Föderationen der Olympischen Sommerspiele)
BISP	Bundesinstitut für Sportwissenschaft
CAS	Court of Arbitration for Sport (Internationaler Sportgerichtshof)
DSB	Deutsche Sportbund (nach Zusammenschluss mit dem deutschen NOK im Jahre 2006 DOSB, s. „DOSB")
DOSB	Deutsche Olympische Sportbund (seit 2006 Dachverband des deutschen Sports)
EPO	Erythropoietin
EU	Europäische Union
FINA	Fédération Internationale de Natation (Dachverband aller nationalen Sportverbände für Schwimmen, Synchronschwimmen, Wasserspringen und Wasserball)
FISA	Fédération Internationale des Sociétés d'Aviron (Ruderweltverband)
GAISF	General Association of International Sports Federations (Allgemeiner Verband internationaler Sportverbände. Ist die Zentrale Dachorganisation der weltweiten Sportverbände. Wird oft auch Sportaccord genannt.)
IAAF	International Association of Athletics Federations
ICAS	International Council of Arbitration for Sport (Verwaltungs- und Finanzierungsbehörde des CAS)
IF	International Federations (Internationale Föderationen. Nichtstaatliche Organisationen, die eine oder mehrere Sportarten verwalten)
IGO	International Governmental Organization (Internationale staatliche Organisation)
IICGADS	International Governmental Consultative Group on Anti-Doping in Sports

INGO	International Non-governmental Organization (Internationale nichtstaatliche Organisation)
IOC	International Olympic Committee (Internationales Olympisches Komitee)
IPC	International Paralympic Committee (Internationales Paralympisches Komitee)
IWF	International Weightlifting Federation (Internationaler Gewichtheberverband)
IWG	International Working Group
NADA	Nationale Anti-Doping Agentur (von Deutschland)
NADO	Nationale Anti-Doping Organisation
NGO	Non-Governmental Organisation (nichtstaatliche Organisation)
NOC	National Olympic Committee (Nationales Olympisches Komitee)
NOK	s. „NOC"
NPC	National Paralympic Committee (Nationales Paralympisches Komitee)
OMAC	Olympic Movement Anti-Doping Code (Anti-Doping Code der Olympischen Bewegung)
OMADA	Olympic Movement Anti-Doping Agency
RADO	Regionale Anti-Doping Organisation
schw. ZGB	schweizerisches Zivilgesetzbuch
UCI	Union Cycliste Internationale (Internationaler Radsportverband)
UNESCO	(Organisation der Vereinten Nationen für Erziehung, Wissenschaft und Kultur)
UNDCP	United Nations Drug Control Program (Internationales Drogenkontrollprogramm der Vereinten Nationen)
WADA	World Anti-Doping Agency (Welt Anti-Doping Agentur)
WADC	World Anti-Doping Code (Welt Anti-Doping Code)
WHO	World Health Organisation (Weltgesundheitsorganisation)

Quellenverzeichnis

Protokolle der Sessions des Internationalen Olympischen Komitees
(angegeben mit „Prot. XXX, IOC Session"):

INTERNATIONAL OLYMPIC COMMITTEE (1961, Juni). *Minutes of the 58th IOC Session,* in Athen.

INTERNATIONAL OLYMPIC COMMITTEE (1967, Mai). *Minutes of the 65th IOC Session,* in Teheran.

INTERNATIONAL OLYMPIC COMMITTEE (1980, Juli-August). *Minutes of the 83rd IOC Session,* in Moskau.

INTERNATIONAL OLYMPIC COMMITTEE (1981, September-Oktober). *Minutes of the 84th IOC Session,* in Baden-Baden.

INTERNATIONAL OLYMPIC COMMITTEE (1982, Mai). *Minutes of the 85th IOC Session,* in Rom.

INTERNATIONAL OLYMPIC COMMITTEE (1983, März). *Minutes of the 86th IOC Session,* in Neu-Delhi.

INTERNATIONAL OLYMPIC COMMITTEE (1984, Februar). *Minutes of the 87th IOC Session,* in Sarajevo.

INTERNATIONAL OLYMPIC COMMITTEE (1984, Juli). *Minutes of the 88th IOC Session,* in Los Angeles.

INTERNATIONAL OLYMPIC COMMITTEE (1984, Dezember). *Minutes of the 89th IOC Session,* in Lausanne.

INTERNATIONAL OLYMPIC COMMITTEE (1985, Juni). *Minutes of the 90th IOC Session,* in Berlin.

INTERNATIONAL OLYMPIC COMMITTEE (1986, Oktober). *Minutes of the 91st IOC Session,* in Lausanne.

INTERNATIONAL OLYMPIC COMMITTEE (1988, Februar). *Minutes of the 93rd IOC Session,* in Calgary.

INTERNATIONAL OLYMPIC COMMITTEE (1988, September). *Minutes of the 94th IOC Session,* in Seoul.

INTERNATIONAL OLYMPIC COMMITTEE (1989, August-September). *Minutes of the 95th IOC Session,* in Puerto Rico.

INTERNATIONAL OLYMPIC COMMITTEE (1990, September). *Minutes of the 96th IOC Session,* in Tokio.

INTERNATIONAL OLYMPIC COMMITTEE (1991, Juni). *Minutes of the 97th IOC Session,* in Birmingham.

INTERNATIONAL OLYMPIC COMMITTEE (1992, Februar). *Minutes of the 98th IOC Session*, in Courchevel.

INTERNATIONAL OLYMPIC COMMITTEE (1992, Juli). *Minutes of the 99th IOC Session*, in Barcelona.

INTERNATIONAL OLYMPIC COMMITTEE (1994, September). *Minutes of the 103rd IOC Session*, in Paris.

INTERNATIONAL OLYMPIC COMMITTEE (1996, Juli). *Minutes of the 105th IOC Session*, in Atlanta.

INTERNATIONAL OLYMPIC COMMITTEE (1997, September). *Minutes of the 106th IOC Session*, in Lausanne.

INTERNATIONAL OLYMPIC COMMITTEE (1998, Februar). *Minutes of the 107th IOC Session*, in Nagano.

INTERNATIONAL OLYMPIC COMMITTEE (1999, März). *Minutes of the 108th IOC Session*, in Lausanne.

INTERNATIONAL OLYMPIC COMMITTEE (1999, Juni). *Minutes of the 109th IOC Session*, in Seoul.

INTERNATIONAL OLYMPIC COMMITTEE (1999, Dezember). *Minutes of the 110th IOC Session*, in Lausanne.

Jahresberichte und Publikationen der World Anti Doping Agency
(angegeben mit WADA):

WORLD ANTI DOPING AGENCY (2002). *WADA Annual Report 2002*. Montreal: WADA. Zugriff am 20.08.2012 unter http://www.wada-ama.org/Documents/Resources/ Publications/Annual_Report/WADA_Annual_Report_2002_EN.pdf

WORLD ANTI DOPING AGENCY (2003a). *WADA Annual Report 2003*.Zugriff am 20.08.2012 unter http://www.wada-ama.org/Documents/Resources/Publications/ Annual_Report/WADA_Annual_Report_2003_EN.pdf

WORLD ANTI DOPING AGENCY (2003b). *World Anti-Doping Code*. Zugriff am 26.08.2012 unter http://www.wada-ama.org/rtecontent/document/code_v3.pdf

WORLD ANTI DOPING AGENCY (2003c). A new beginning for Sport. The World Conference on Doping in Sport ushers in an unprecedented new era of global anti-doping cooperation. Play True, Frühling 2003. Zugriff am 13.08.2012 unter http://www.wada-ama.org/Documents/Resources/Publications/ PlayTrue_Magazine/PlayTrue_2003_1_A_New_Beginning_For_Sport_EN.pdf

WORLD ANTI DOPING AGENCY (2004). *WADA Annual Report 2004*. Zugriff am 20.08.2012 unter http://www.wada-ama.org/Documents/Resources/Publications/ Annual_Report/WADA_Annual_Report_2004_EN.pdf

WORLD ANTI DOPING AGENCY (2005). *WADA Annual Report 2005*.Zugriff am 20.08.2012 unter http://www.wada-ama.org/Documents/Resources/Publications/ Annual_Report/WADA_Annual_Report_2005_EN.pdf

WORLD ANTI DOPING AGENCY (2006). *WADA Annual Report 2006.* Zugriff am 20.08.2012 unter http://www.wada-ama.org/Documents/Resources/Publications/ Annual_Report/WADA_Annual_Report_2006_EN.pdf

WORLD ANTI DOPING AGENCY (2007a). *WADA Annual Report 2007.* Zugriff am 20.08.2012 unter http://www.wada-ama.org/Documents/Resources/Publications/ Annual_Report/WADA_Annual_Report_2007_EN.pdf

WORLD ANTI DOPING AGENCY (2007b). *WADA Strategic Plan 2007-2012.* Zugriff am 26.08.2012 unter http://www.wada-ama.org/Documents/About_WADA/Strategy/ WADA_StrategicPlan_200705_EN.pdf

WORLD ANTI DOPING AGENCY (2008a). *WADA Annual Report 2008.* Zugriff am 20.08.2012 unter http://www.wada-ama.org/Documents/Resources/Publications/ Annual_Report/WADA_Annual_Report_2008_EN.pdf

WORLD ANTI DOPING AGENCY (2008b). *WADA History.* Zugriff am 20.08.2012 unter http://www.wada-ama.org/en/dynamic.ch2?pageCategory.id=253

WORLD ANTI DOPING AGENCY (2009a). *WADA Annual Report 2009.* Zugriff am 20.08.2012 unter http://www.wada-ama.org/Documents/Resources/Publications/ Annual_Report/WADA_AR_2009_EN_FINAL_web.pdf

WORLD ANTI DOPING AGENCY (2009b). *World Anti-Doping Code.* Zugriff am 20.08.2012 unter http://www.wada-ama.org/Documents/World_Anti-Doping_Program/WADP-The-Code/WADA_Anti-Doping_CODE_2009_EN.pdf

WORLD ANTI DOPING AGENCY (2009c). *Global Anti-Doping Organization Chart.* Zugriff am 21.08.2012 unter http://www.wada-ama.org/Documents/Resources/Media/ WADA_PK_Global_ADO_Chart_200901_EN.pdf

WORLD ANTI DOPING AGENCY (2009d). Constitutive Instrument of Foundation of the World Anti-Doping Agency. Lausanne: WADA.

WORLD ANTI DOPING AGENCY(2009e). *Welt Anti Doping Code.* Zugriff am 26.08.2012 unter http://www.dosb.de/fileadmin/Bilder_allgemein/Veranstaltungen/ London_2012/WADA-Code_2009_deutsch.pdf

WORLD ANTI DOPING AGENCY (2010). *WADA Annual Report 2010.* Zugriff am 20.08.2012 unter http://www.wada-ama.org/Documents/Resources/Publications/ Annual_Report/WADA_AR_2010_EN.pdf

WORLD ANTI DOPING AGENCY (2011). *WADA Annual Report 2011.* Zugriff am 20.08.2012 unter http://www.wada-ama.org/Documents/Resources/Publications/ Annual_Report/WADA-AR-2011-EN-Final-LR.pdf

Weitere Primärquellen:

COUNCIL OF EUROPE (1984, September). *Recommendation No. R(84)19.* Of the Committees of Ministers to Member States on the „European Anti-Doping Charter for Sport".

Literaturverzeichnis

AUSTRALIAN SPORTS DRUGS AGENCY (2000). The history of drug use in sport. In C. Donnellan (Hrsg.), *Drugs in sport* (S. 1-3). Cambridge: Independence.

BEAUMONT, C. (2012). *LOCOG Fact pack. May 2012.* London: LOCOG Communications and Public Affairs. Zugriff am 23.08.2012 unter http://www.london2012.com/mm/Document/Publications/StategiesPolicy/01/24/75/49/FactpackMay2012_Neutral.pdf?t=1336753281382

BETTE, K.-H. & SCHIMANK, U. (2006a). *Doping im Hochleistungssport. Anpassung durch Abweichung.* 2. erweiterte Neuauflage. Frankfurt am Main: Suhrkamp.

BETTE, K.-H. & SCHIMANK, U. (2006b). *Die Dopingfalle. Soziologische Betrachtungen.* Bielefeld: Transcript Verlag.

BOSE, M. (2000). Copy the French correction. In C. Donnellan (Hrsg.), *Drugs in sport* (S. 23-24). Cambridge: Independence.

COUNCIL OF EUROPE (2012). *Europarat: Übersicht.* Zugriff am 14.09.2012 unter http://www.coe.int/AboutCoe/media/interface/publications/tour_horizon_de.pdf

DAS OLYMPISCHE MUSEUM (2007). *Die Olympische Bewegung,* 2. Aufl., Zugriff am 28.8.2012 unter http://www.olympic.org/Documents/Reports/EN/en_report_671.pdf

DAUME, W. (1976). For the Olympic Congress, In INTERNATIONAL OLYMPIC COMMITTEE, *Olympic Review,* November-Dezember, No. 109-110, S. 588-590. Zugriff am 12.09.2012 unter http://www.la84foundation.org/OlympicInformationCenter/OlympicReview/1976/ore109/ore109k.pdf

DIGEL, H. (1997). *Probleme und Perspektiven der Sportlerentwicklung – dargestellt am Beispiel der Leichtathletik.* Aachen: Meyer & Meyer.

DIGEL, H. & BURK, V. & FAHRNER, M. (2006). *Die Organisation des Hochleistungssports – ein internationaler Vergleich* (Schriftenreihe des Bundesinstituts für Sportwissenschaft, 115). Bonn: Hofmann.

DIMEO, P. (2009). The origins of anti-doping policy in sports: From public health to fair play. In V. MØLLER & M. MCNAMEE & P. DIMEO (Ebd.), *Elite Sport, Doping and Public Health* (S. 29-40). Odense: University Press of Southern Denmark.

DONIKE, M. (1986). Verfahren und Probleme der Doping-Kontrolle. In W. SCHILD (Hrsg.), *Rechtliche Fragen des Dopings.* Heidelberg: Müller.

DONIKE, M. & RAUTH, S. (1996). *Dopingkontrollen* (2. auf den neusten Stand gebrachte Aufl.). Köln: Bundesinstitut für Sportwissenschaften.

ERBACH, G. (2004, Mai). Politische Strafverfolgung gegen den DDR-Leistungssport. In GESELLSCHAFT ZUR RECHTLICHEN UND HUMANITÄREN UNTERSTÜTZUNG E.V., DER VORSTAND (Hrsg.), *Information. Sonderdruck der Arbeitsgruppe Sport.* Zugriff am 10.09.2012 unter http://www.grh-ev.org/html/body_doping_2.HTM

EUROPÄISCHE KOMMISSION (1992, Februar). *Entschließung des Rates und der im Rat vereinigten Vertreter der Regierungen der Mitgliedstaaten über einen Anti-*

Doping-Verhaltenskodex im Sport. Zugriff am 05.09.2012 unter http://eur-lex.europa.eu/smartapi/cgi/sga_doc?smartapi!celexplus!prod!CELEXnumdoc&lg=DE&numdoc=41992X0219

EUROPÄISCHE KOMMISSION (2004). *Das Magazin. Die Europäische Union und der Sport.* Zugriff am 05.09.2012 unter http://ec.europa.eu/dgs/education_culture/publ/pdf/mag/23/de.pdf

FAZ (2005, 04. April). *Rogge erhöht Druck im Anti-Doping-Kampf.* Nr. 77, S. 34. Frankfurter Allgemeine Zeitung.

FEIDEN, K. & BLASIUS, H. (2002). *Doping im Sport. Wer – womit – warum.* Stuttgart: Wissenschaftliche Verlagsgesellschaft.

FEIDEN, K. & BLASIUS, H. (2006). *Doping im Sport. Wer – womit – warum,* 2. aktualisierte & überarbeitete Aufl. Stuttgart: Wissenschaftliche Verlagsgesellschaft.

FERSTLE, J. (2001). World Conference on Doping in Sport. In W. WILSON & E. DERSE (Eds.), *Doping in Elite Sport. The Politics of Drugs in the Olympic Movement* (S. 275-286). Champaign, IL.: Human Kinetics.

FIGURA, L. (2009). *Doping. Zwischen Freiheitsrecht und notwendigem Verbot.* Aachen: Meyer & Meyer.

FRITZWEILER, J. (2007). Anhang B. Verbandsrecht. Olympische Charta. In J. FRITZWEILER & B. PFISTER & T. SUMMERER (Hrsg.), *Praxishandbuch Sportrecht* (S. 741-790). München: Beck.

HAAS, U. & MERTENS, D.-R. (2004). *Sport. Das Buch zur Fernsehserie ARD-Ratgeber Recht.* München: DTV.

HACKFORT, D. & SEHLING, M. & POLLERT, R. (1989). *Doping im Sport. Medizinische, sozialwissenschaftliche und juristische Aspekte.* BLV: München.

HANSTAD, D. V. & SMITH, A. & WADDINGTON, I. (2008). *The Establishment of the World Anti-Doping Agency: A Study of the Management of Organizational Change and Unplanned Outcomes.* Eine Studie der Norwegischen Schule der Sportwissenschaften Oslo & der Universität Chester, UK. Zugriff am 04.08.2012 unter http://brage.bibsys.no/nih/bitstream/URN:NBN:no-bibsys_brage_9856/1/Hanstad%20IntRevSocSport%202008.pdf

HANSTAD, D. V. (2009). The establishment of the World Anti-Doping Agency. In I. WADDINGTON & A. SMITH (Eds.), *An Introduction to Drugs in Sport. Addicted to winning?* (S. 179-234). New York: Routledge.

HAUG, T. (2006). *Doping. Dilemma des Leistungssports.* Hamburg: Merus.

HOBERMAN, J. (2001). How drug testing fails: The politics of Doping control. In W. WILSON & E. DERSE (Eds.), *Doping in Elite Sport. The Politics of Drugs in the Olympic Movement* (S. 241-274). Champaign, IL.: Human Kinetics.

HOBERMAN, J. (2004). Doping and public policy, In J. HOBERMAN & V. MØLLER (eds.), *Doping and Public Policy* (S. 7-18), Odense: University of Southern Denmark.

HOULIHAN, B. (1999, Juni). Anti-doping political measures: the new approaches after the Lausanne meeting on doping, Vortrag auf dem Scientific Workshop, *The Limits of Sport: Doping.* Institut d'Estudis Catalans, Barcelona.

HOULIHAN, B. (2002). *Dying to win. Doping in sport and the developement of anti-doping policy* (2. ed.). Strasbourg: Council of Europe.

HOULIHAN, B. (2004). Harmonising Anti-Doping Policy: The Role of the World Anti-Doping Agency, In J. HOBERMAN & V. MØLLER (eds.), *Doping and Public Policy* (S. 19-30), Odense: University of Southern Denmark.

HOULIHAN, B. (2009). Doping, public health and the generalisation of interests. In V. MØLLER & M. MCNAMEE & P. DIMEO (Eds.), *Elite Sport, Doping and Public Health* (S. 41-54). Odense: University Press of Southern Denmark.

HUNT, T. M. (2011). *Drug Games. The international olympic committee and the politics of doping, 1960-2008.* Austin, TX: Universtity of Texas Press.

INTERNATIONAL OLYMPIC COMMITTEE. (2012). *Juridical Commission.* Zugriff am 13.09.2012 unter http://www.olympic.org/juridical-commission

INTERNATIONAL SOCIETY OF OLYMPIC HISTORIANS (2000). Olympic News Section. *Journal of olympic history 2000,* January Vol. 8 No. 1, S. 52-59. Zugriff am 26.08.2012 unter http://www.la84foundation.org/SportsLibrary/JOH/JOHv8n1/johv8n1q.pdf

KERN, B. (2007). *Internationale Dopingbekämpfung – Der World Anti-Doping Code der World Anti-Doping Agency.* Hamburg: Kovac.

KIRSCH, A. (1990). Die Olympischen Wissenschaftskongresse. In H. GABLER & U. GÖHNER (Hrsg.), *Für einen besseren Sport... Themen, Entwicklungen und Perspektiven aus Sport und Sportwissenschaft* (S. 325-340). Schorndorf: Hofmann.

KRÜGER, M. (1990). Ruhmsucht und Rekordfimmel. Zur Geschichte der Leistung im Sport. In H. GABLER & U. GÖHNER (Hrsg.), *Für einen besseren Sport... Themen, Entwicklungen und Perspektiven aus Sport und Sportwissenschaft* (S. 343-362). Schorndorf: Hofmann.

LJUNGQVIST, A. (2003). Medical Matters. In INTERNATIONAL OLYMPIC COMMITTEE, *Olympic Review,* July-August-September, Vol. XXVIII, Iss. 48, S. 30-31. Zugriff am 26.08.2012 unter http://www.la84foundation.org/OlympicInformationCenter/OlympicReview/2003/OREXXVIII48/OREXXVIII48n.pdf

LÜNSCH, H. (1991). *Doping im Sport.* Erlangen: Perimed.

MACALOON, J. (2001). Doping and moral authority: sports organizations today, In W. WILSON & E. DERSE (Eds.), *Doping in Elite Sport. The Politics of Drugs in the Olympic Movement* (S. 205-224). Champaign, IL.: Human Kinetics.

MARKOWETZ, K. (2003). *Doping. Haftungs- und strafrechtliche Verantwortlichkeit.* Frankfurt am Main: Peter Lang.

MÉRODE, PRINCE A. DE (1998). Doping: seeking the causes. In INTERNATIONAL OLYMPIC COMMITTEE, *Olympic Review,* October-November, Vol. XXVI, No. 23, S. 5-8. Zugriff am 12.09.2012 unter http://www.la84foundation.org/OlympicInformationCenter/OlympicReview/1998/oreXXVI23/oreXXVI23h.pdf

MØLLER, V. (2009). Conceptual Confusion and the Anti-doping Campaign in Denmark. In V. MØLLER & M. MCNAMEE & P. DIMEO (Eds.), *Elite Sport, Doping and Public Health* (S. 13-28). Odense: University Press of Southern Denmark.

MÜLLER, R. K. (2004). *Doping. Methoden, Wirkungen, Kontrolle.* München: C. H. Beck.

MÜLLER-PLATZ, C. (2003). Neue Entwicklung in der Dopingbekämpfung. In Bundesinstitut für Sportwissenschaft (Hrsg.), *BISp Jahrbuch. Forschungsförderung 2005/2006.* (S. 115-124). Bonn: Bundesinstitut für Sportwissenschaft. Zugriff am 07.09.2012 unter http://www.bisp.de/nn_16260/ SharedDocs/Downloads/Publikationen/Jahrbuch/Jb__2003__Artikel/Mueller-Platz,templateId=raw,property=publicationFile.pdf/Mueller-Platz.pdf

OSWALD, D. (1993). Doping: The Sports Movement leads the way, In INTERNATIONAL OLYMPIC COMMITTEE, *Olympic Review*, Jan./Feb., No. 303-304, S. 34-37.

POUND, R. (2006). *Inside the Olympics.* Toronto: Wiley & Sons.

PROKOP, L. (1970). Zur Geschichte des Dopings und seiner Bekämpfung. *Sportarzt und Sportmedizin* 6, S. 125ff..

RASMUSSEN, K. (2004). *Doping – A Sacrilege?* University of Southern Denmark, S. 19-20. Zugriff am 26.08.2012 unter http://www.la84foundation.org/SportsLibrary/ NASSH_Proceedings/NP2004/np2004r.pdf

SCHELLHAAß, H. M. (2003). *Strategien zur Vermarktung des Sports im Fernsehen.* Arbeitspapiere des Instituts für Rundfunkökonomie, 172, Universität Köln.

SIMSON, V. & JENNINGS, A. (1992). *Geld, Macht und Doping. Das Ende der olympischen Idee.* München: Knaus.

SINGLER, A. & TREUTLEIN, G. (2002). Doping in der Bundesrepublik Deutschland: Geschichte, Phänomenologie und Soziologie eines vernachlässigten Problems. In *Sportwissenschaftler und Sportwissenschafterlinnen gegen Doping.* Köln: Bundesinstitut für Sportwissenschaft, S. 95-100.

STAIB, J. (2012, 15. Februar). *Kettenrasseln und Scheinheilige.* Frankfurter Allgemeine Zeitung. Zugriff am 29.08.12 unter http://www.faz.net/aktuell/sport/2.2595/ doping-bei-olympia-kettenrasseln-und-scheinheilige-11856049.html

SUMMERER, T. (2007). 2. Teil Sport, Vereine und Verbände. In J. FRITZWEILER & B. PFISTER & T. SUMMERER (Hrsg.), *Praxishandbuch Sportrecht* (S. 93-235). München: Beck.

TEETZEL, S. (2004, Oktober). *The road to WADA*, Vortrag auf dem 7. Int. Symposium für olympische Forschung, S. 213-224. Zugriff am 26.08.2012 unter http://www.la84foundation.org/SportsLibrary/ISOR/ISOR2004t.pdf

VERROKEN, M. (2003). Drug use and abuse in sport. In D.R. MOTTRAM (ed.), *Drugs in Sport* (S. 29-101). London: Routledge.

VIEWEG, K. & SIEKMANN, R. (2007). *Legal comparison and the harmonisation of doping rules. Pilot Study for the European Commission.* Berlin: Duncker & Humblot.

VOGEL, U. (1990). *Die Fernsehsportberichterstattung über Ben Johnson während der XXIV. Olympischen Spiele von Seoul unter besonderer Berücksichtigung des*

Dopingfalls. Eine quantitative und qualitative Analyse. Diplomarbeit, Deutsche Sporthochschule Köln.

VOY, R. (1991). *Drugs, Sport, and Politics.* Champaign, IL.: Human Kinetics.

WAGNER, U. (2009). *The struggle for clean sports, Anti-doping strategies from 1960 to 2009.* Dissertation, Universität von Kopenhagen.

WESTFÄLISCHE NACHRICHTEN (1999, 05. Februar). *IOC richtet Anti-Doping-Agentur ein. Abschlußerklärung der Welt-Dopingkonferenz läßt viele Fragen offen.*

Abbildungsverzeichnis

Anhang

Annex 1 „Lausanne Declaration on Doping in Sport"

Adopted by the World Conference on Doping in Sport

4 February 1999, Lausanne, Switzerland

Considering that doping practices contravene sport and medical ethics, and that they constitute violations of the rules established by the Olympic Movement, and concerned by the threat that doping poses to the health of athletes and youth in general;

Recognizing that the fight against doping in sport is the concern of all: the Olympic Movement and other sports organizations, governments, inter-governmental and non-governmental organizations, sportsmen and sportswomen throughout the world, and their entourage;

The World Conference on Doping in Sport, with the participation of representatives of governments, of inter-governmental and non-governmental organizations, of the International Olympic Committee (IOC), the International sports Federations (IFs), the National Olympic Committees (NOCs), and of the athletes, declares:

1.   Education, prevention and athletes' rights

The Olympic oath shall be extended to coaches and other officials, and shall include the respect of integrity, ethics and fair play in sport. Educational and preventive campaigns will be intensified, focusing principally on youth, and athletes and their entourage. Complete transparency shall be assured in all activities to fight doping, except for preserving the confidentiality necessary to protect the fundamental rights of athletes. Partnership with the media shall be sought in anti-doping campaigns.

2.   Olympic Movement Anti-Doping Code

The Olympic Movement Anti-Doping Code is accepted as the basis for the fight against doping, which is defined as the use of an artifice, whether substance or method, potentially dangerous to athletes' health and/or capable of enhancing their performances, or the presence in the athlete's body of a substance, or the ascertainment of the use of a method on the list annexed to the Olympic Movement Anti-Doping Code.

The Olympic Movement Anti-Doping Code applies to all athletes, coaches, instructors, officials, and to all medical and paramedical staff working with athletes or treating athletes participating in or training for sports competitions organized within the framework of the Olympic Movement.

3.   Sanctions

The sanctions which apply to doping violations will be imposed in the framework of controls both during and out of competition.

In accordance with the wishes of the athletes, the NOCs and a large majority of the IFs, the minimum required sanction for major doping substances or prohibited methods shall be a suspension of the athlete from all competition for a period of two years, for a first offence. However, based on specific, exceptional circumstances to be evaluated in the first instance by the competent IF bodies, there may be a provision for a possible modification of the two-year sanction. Additional sanctions or measures may be applied. More severe sanctions shall apply to coaches and officials guilty of violations of the Olympic Movement Anti-Doping Code.

4.   International Independent Anti-Doping Agency

An independent International Anti-Doping Agency shall be established so as to be fully operational for the Games of the XXVII Olympiad in Sydney in 2000. This institution will have as its mandate, notably, to coordinate the various programmes necessary to realize the objectives that shall be defined jointly by all the parties concerned. Among these programmes, consideration should be given in particular to expanding out-of-competition

testing coordinating research, promoting preventive and educational actions and harmonizing scientific and technical standards and procedures for analyses and equipment.

A working group representing the Olympic Movement, including the athletes, as well as the governments and inter-governmental organizations concerned, will meet, on the initiative of the IOC, within three months, to define the structure, mission and financing of the Agency. The Olympic Movement commits to allocate a capital of US $25 million to the Agency.

5. Responsibilities of the IOC, the IFs, the NOCs and the CAS

The IOC, the IFs and the NOCs will maintain their respective competence and responsibility to apply doping rules in accordance with their own procedures, and in cooperation with the International Anti-Doping Agency. Consequently, decisions handed down in the first instance will be under the exclusive responsibility of the IFs, the NOCs or, during the Olympic Games, the IOC. With regard to last instance appeals, the IOC, the IFs and the NOCs recognize the authority of the Court of Arbitration for Sport (CAS), after their own procedures have been exhausted.

In order to protect athletes and their rights in the area of disciplinary procedure, the general principles of law, such as the right to a hearing, the right to legal assistance, and the right to present evidence and call witnesses, will be confirmed and incorporated into all applicable procedures.

6. Collaboration between the Olympic Movement and public authorities

The collaboration in the fight against doping between sports organizations and public authorities shall be reinforced according to the responsibilities of each party. Together, they will also take action in the areas of education, scientific research, social and health measures to protect athletes, and coordination of legislation relative to doping.

Done in Lausanne (Switzerland), 4 February 1999.[190]

---

[190] „Lausanne Declaration on Doping in Sport, Adopted by the World Conference on Doping in Sport, 4 February 1999, Lausanne, Switzerland". Annex 2, von Annex 14, „Presentation by the Prince de Mérode on the follow-up to the World Conference on Doping in Sport", (Prot. 108, IOC Session, S. 77f.).

Annex 2 „WADC Doping Definition"

Artikel 1: DEFINITION DES BEGRIFFS DOPING
Doping wird definiert als das Vorliegen eines oder mehrerer der nachfolgend in Artikel 2.1 bis Artikel 2.8 festgelegten Verstöße gegen Anti- Doping-Bestimmungen."

Artikel 2:VERSTÖßE GEGEN ANTI-DOPING-BESTIMMUNGEN
2.1   Vorhandensein eines verbotenen Wirkstoffs, seiner Metaboliten oder Marker in der Probe eines Athleten

2.1.1 Es ist die persönliche Pflicht eines jeden Athleten, dafür zu sorgen, dass keine verbotenen Wirkstoffe in seinen Körper gelangen. Die *Athleten* tragen die Verantwortung dafür, wenn in ihren *Proben verbotene Wirkstoffe*, deren *Metaboliten* oder *Marker* nachgewiesen werden. Demzufolge ist es nicht erforderlich, dass Vorsatz, Verschulden oder Fahrlässigkeit, oder wissentliche Anwendung auf Seiten des Athleten nachgewiesen werden, um einen Verstoß gegen Anti-Doping-Bestimmungen gemäß Artikel 2.1 zu begründen.

2.1.2 Die beiden nachstehenden Sachverhalte stellen einen ausreichenden Nachweis eines Verstoßes gegen eine Anti-Doping- Bestimmung nach Artikel2.1 dar: das Vorhandensein eines *verbotenen Wirkstoffs*, seiner *Metaboliten* oder *Marker* in der A- Probe eines *Athleten*, wenn der *Athlet* auf die Analyse der B-*Probe* verzichtet und die B-*Probe* nicht analysiert wird, oder die Bestätigung des Vorhandenseins des *verbotenen Wirkstoffs* oder seiner *Metaboliten* oder *Marker* in der A-*Probe* des *Athleten* anhand der Analyse seiner B-*Probe*.

2.1.3 Mit Ausnahme solcher Wirkstoffe, für die in der *Liste verbotener Wirkstoffe und verbotener Methoden* eigens quantitative Schwellenwerte aufgeführt sind, begründet das Vorhandensein eines *verbotenen Wirkstoffes*, seiner *Metaboliten* oder *Marker* in der *Probe* eines *Athleten* – unabhängig von seiner Menge – einen Verstoß gegen Anti-Doping-Bestimmungen.

2.1.4 Abweichend von der allgemeinen Regelung des Artikels 2.1 können in der *Liste der verbotenen Wirkstoffe und der verbotenen Methoden* oder den *Internationalen Standards* spezielle Kriterien zur Bewertung *verbotener Wirkstoffe*, die auch endogen produziert werden können, aufgenommen werden.

2.2 Anwendung oder der Versuch der Anwendung eines verbotenen Wirkstoffs oder einer verbotenen Methode seitens eines Athleten

2.2.1 Es ist die persönliche Pflicht eines jeden Athleten, dafür zu sorgen, dass keine verbotenen Wirkstoffe in seinen Körper gelangen. Demzufolge ist es nicht erforderlich, dass eine vorsätzliche, schuldhafte, fahrlässige oder wissentliche Anwendung auf Seiten des *Athleten* nachgewiesen wird, um einen Verstoß gegen Anti-Doping-Bestimmungen wegen der *Anwendung* eines *verbotenen Wirkstoffs* oder einer *verbotenen Methode* gemäß Artikel 2.1 zu begründen.

2.2.2 Es ist nicht entscheidend, ob die *Anwendung* oder der *Versuch der Anwendung* eines *verbotenen Wirkstoffs* oder einer *verbotenen Methode* leistungssteigernd wirkt oder nicht. Es ist ausreichend, dass der *verbotene Wirkstoff* oder die *verbotene Methode* angewendet wurde oder ihre *Anwendung* versucht wurde, um einen Verstoß gegen Anti-Doping-Bestimmungen zu begehen.
Verwendet ein Athlet einen verbotenen Wirkstoff, so stellt dies einen Verstoß gegen Anti-Doping-Bestimmungen dar, es sei denn, der in Rede stehende Wirkstoff ist außerhalb von Wettkämpfen nicht verboten und die Anwendung seitens des Athleten findet außerhalb von Wettkämpfen statt. *(Das Vorhandensein eines verbotenen Wirkstoffs oder seiner Metaboliten oder Marker in einer Probe, die während eines Wettkampfes genommen wurde, stellt jedoch einen Verstoß gegen Artikel 2.1 dar (Das Vorhandensein eines verbotenen Wirkstoffs, seiner Metaboliten oder Marker) unabhängig davon, wann der Wirkstoff verabreicht wurde)].*

2.3 Die Weigerung oder das Unterlassen ohne zwingenden Grund, sich einer angekündigten *Proben*ahme zu unterziehen, die gemäß anwendbaren Anti-

Doping-Bestimmungen zulässig ist, oder ein anderweitiger Versuch, sich der Probenahme zu entziehen

2.4 Der Verstoß gegen anwendbare Vorschriften über die Verfügbarkeit des *Athleten* für *Trainingskontrollen (Kontrollen außerhalb des Wettkampfs)*, einschließlich der Pflicht zur Angabe von Informationen zum Aufenthaltsort und zur Erreichbarkeit und zu versäumten Kontrollen, die erklärtermaßen auf Bestimmungen zurückgehen, die im Einklang mit dem *Internationalen Standard* für *Kontrollen* erfolgen. Jede Kombination von drei versäumten Kontrollen und/oder Verstößen gegen die Meldepflicht, die innerhalb eines 18-Monatszeitraums erfolgt, der von der für den *Athleten* zuständigen *Anti-Doping-Organisation* festgelegt wird, stellt einen Verstoß gegen die Anti-Doping-Bestimmungen dar.

2.5 Unzulässige Einflussnahme oder versuchte unzulässige Einflussnahme auf einen Teil des Dopingkontrollverfahrens

2.6 Besitz verbotener Wirkstoffe und verbotener Methoden:
2.6.1 *Besitz* durch einen *Athleten* bedeutet *Besitz* von Methoden oder Wirkstoffen, die bei *Wettkämpfen* verboten sind bzw. – außerhalb von *Wettkämpfen* – *Besitz* von Methoden oder Wirkstoffen, die außerhalb von *Wettkämpfen* verboten sind, es sei denn der *Athlet* weist nach, dass der *Besitz* auf Grund einer Ausnahmegenehmigung zur therapeutischen Anwendung nach Artikel 4.4 (Therapeutische Anwendung) oder einer anderen annehmbaren Begründung erfolgt.

2.6.2 *Besitz* durch einen *Athletenbetreuer* bedeutet *Besitz* von Methoden oder Wirkstoffen, die bei *Wettkämpfen* verboten sind bzw. – außerhalb von *Wettkämpfen* – *Besitz* von Methoden oder Wirkstoffen, die außerhalb von *Wettkämpfen* verboten sind, jeweils in Zusammenhang mit einem *Athleten,* einem *Wettkampf* oder mit einer Trainingsphase, es sei denn der *Athletenbetreuer* weist nach, dass der *Besitz* auf Grund einer Ausnahmegenehmigung zur therapeutischen

Anwendung, die einem *Athleten* nach Artikel 4.4 (Therapeutische Anwendung) gewährt wurde, oder einer anderen annehmbaren Begründung erfolgt.

2.7 Das Inverkehrbringen oder versuchte Inverkehrbringen von verbotenen Wirkstoffen oder verbotenen Methoden

2.8 Die Verabreichung oder *versuchte* Verabreichung von bei *Wettkämpfen verbotenen Methoden* oder *verbotenen Wirkstoffen* bei *Athleten* oder, außerhalb von *Wettkämpfen*, die Verabreichung oder*versuchte* Verabreichung bei *Athleten* von Methoden oder Wirkstoffen, die bei Trainingskontrollen verboten sind, oder die Beihilfe, Unterstützung, Anleitung, Anstiftung, Verschleierung oder sonstige Tatbeteiligung bei einem Verstoß oder einem *versuchten* Verstoß gegen Anti-Doping- Bestimmungen.[191]

---

[191]Die WADA hat in Zusammenarbeit mit der Deutschen Bundesregierung den World Anti Doping Code ins deutsche übersetzt. Aus diesem Grund wurde die englische Originalfassung nicht paraphrasiert, sondern die Fassung der WADA und Deutschen Bundesregierung zitiert. Siehe dazu: (WADA, 2009e, S. 11f.). Der Kommentar fällt im Original-Code der WADA nicht so ausführlich aus wie in der deutschen Abfassung, hier wurde er aber weggelassen.